Kuno Fischer

Die hundertjährige Gedächtnisfeier der Kantischen Kritik der reinen Vernunft

Zweite Auflage

Kuno Fischer

Die hundertjährige Gedächtnisfeier der Kantischen Kritik der reinen Vernunft
Zweite Auflage

ISBN/EAN: 9783743698710

Hergestellt in Europa, USA, Kanada, Australien, Japan

Cover: Foto ©Thomas Meinert / pixelio.de

Weitere Bücher finden Sie auf **www.hansebooks.com**

Die hundertjährige Gedächtnißfeier der Kantischen Kritik der reinen Vernunft.

Johann Gottlieb Fichtes Leben und Lehre.

Spinozas Leben und Charakter.

Von

Kuno Fischer.

Zweite Auflage.

Heidelberg.
Carl Winter's Universitätsbuchhandlung.
1892.

Das Recht der Übersetzung in fremde Sprachen wird vorbehalten.

Vorwort.

Die beiden ersten der nachfolgenden Aufsätze stehen zur „Kritik der kantischen Philosophie" in nächster Beziehung, weshalb ihnen die Stelle, die sie hier einnehmen, zukommt. Der erste erschien in „Nord und Süd", als das hundertjährige Gedächtniß der kantischen Epoche in litterarischer Stille gefeiert wurde.

Der zweite steht in der „Allgemeinen deutschen Biographie". Ich habe denselben in seiner Kürze und darum auch in seinem lexikographischen Stil unverändert wiedergegeben und hier auf wenigen Blättern in einleuchtender Weise einen Inhalt zusammengefaßt, dessen historische Ausführung in der ersten Auflage meines Werkes über Fichte einen Band von nahezu elfhundert Seiten gefüllt hatte. Wahrhaft compendiös läßt sich nur schreiben, was voluminös geschrieben worden ist, ich meine von demselben Schriftsteller.

Der dritte Aufsatz, über „Spinozas Leben und Charakter", ist ein Vortrag, den ich einst in der Rose zu Jena gehalten und gleichzeitig herausgegeben habe (1865). Der Leser findet die ausführliche Darstellung des Lebens und der Lehre Spinozas im ersten Bande meiner „Geschichte der neueren Philosophie". (3. Aufl. 1880.) Da aber die Nachfrage nach jenem längst vergriffenen Schriftchen fortgebauert hat, so lasse ich dasselbe auf den Wunsch des Herrn Verlegers hier wieder erscheinen.

Heidelberg, im März 1892.

K. F.

Die

hundertjährige Gedächtnißfeier

der

Kantischen

Kritik der reinen Vernunft.

I.

Die Erscheinung der kantischen Vernunftkritik bezeichnet in dem Entwicklungsgange der neuen Philosophie den Wendpunkt, der die erste Periode von der zweiten scheidet: jene nahm ihre Anfänge in England und Frankreich und gewann ihren Abschluß in Deutschland, diese ist deutschen Ursprungs und stammt aus Preußen. Die Geburt solcher Werke hat ihren Zeitpunkt erst dann erfüllt, wenn sie erschienen, d. h. aus der Verborgenheit ihrer Werkstätten in das volle Licht der Welt hervorgetreten sind. Die Kritik der reinen Vernunft erschien im Hochsommer des Jahres 1781. Gleichzeitig kam Schillers erstes Trauerspiel. Kant hatte sein Werk dem preußischen Minister von Zedlitz zugeeignet, der ihm und seiner Sache günstig gesinnt war, er hat die Widmung den 29. März 1781 unterzeichnet und wahrscheinlich in derselben Zeit auch die (undatirte) Vorrede geschrieben; indessen war damals erst die größere Hälfte des Werkes selbst gedruckt, und es vergingen noch Monate, bevor die Herausgabe vollendet war. Es ist daher nicht richtig, wie mehrfach geschehen, das Datum der Zueignung für den Geburtstag der Vernunftkritik zu halten; fertig geschrieben war sie früher, fertig gedruckt war sie noch nicht. Aus den Briefen, die in jenen Tagen J. G. Hamann in Königsberg theils an Hartknoch, theils an Herder schrieb, geht hervor, daß er, dem (gleichzeitig mit Kant) die Druckbogen zugesendet wurden, erst in der letzten Woche des Juni den Text zu Ende lesen konnte und erst vier Wochen später aus der Hand des Verfassers ein vollständiges Exemplar geschenkt erhielt. Er schrieb für die Königsberger Zeitung den 1. Juli 1781 eine Anzeige des Werkes, die er aber aus gewissen Rücksichten ungedruckt ließ. Das Schlußwort derselben lautete: „Das Glück eines Schriftstellers besteht darin, von einigen gelobt und allen bekannt — Recensent setzt noch als das Maximum echter Autorschaft und Kritik hinzu — von blutwenigen gefaßt zu werden". Der Erfolg hat diesen Ausspruch bestätigt. Die erste öffentliche Beurtheilung, die von dem breslauer Philosophen Christian Garve herrührte und auf Kant den übelsten Eindruck machte, erschien in der Zugabe zu den Göttingischen gelehrten Anzeigen den 19. Januar 1782. Demnach fällt die Erscheinung der Vernunftkritik in die Mitte und ihre erste Verbreitung in die zweite Hälfte des Jahres 1781.

II.

Bevor wir uns die Bedeutung dieses epochemachenden Werks vergegenwärtigen, wollen wir noch einen flüchtigen Blick auf die Entstehung desselben richten, soweit uns Nachrichten darüber aus der Werkstätte des Philosophen zugekommen sind. Als Kant nach fünfzehnjährigem Zuwarten in seinem 47. Lebensjahre aus einem Privatdocenten Professor geworden war, mußte er sein Lehramt der Logik und Metaphysik nach üblicher Art mit der Vertheidigung einer gedruckten Abhandlung antreten. Es geschah den 21. August 1770. Das Thema der lateinischen Inauguralschrift betraf „Form und Principien der sinnlichen und intelligibeln Welt", sein Respondent war ein junger Mediciner jüdischer Herkunft, Marcus Herz, mit dem der Philosoph als Lehrer und Freund verkehrte, und dem er das Zeugniß ertheilte, er habe seine Ideen am tiefsten durchdrungen. Gleich nach jener Disputation ging M. Herz nach Berlin, wurde hier täglicher, gern gesehener Gast in Mendelssohns Hause und erwarb sich mit der Zeit als Arzt und Philosoph eine sehr angesehene Stellung; er wurde durch Gespräche, später durch Vorlesungen vor einer gemischten Zuhörerschaft der erste Verkündiger der kantischen Philosophie in der preußischen Hauptstadt. Nach seiner Heirath mit der durch Schönheit, Geist und Sittenanmuth ausgezeichneten Tochter eines portugiesisch-jüdischen Arztes war es die Anziehungskraft von

Henriette Herz, die sein Haus zu einem der gesuchtesten Mittelpunkte des schöngeistigen Berlin machte (1779—1803). Unter den Briefen Kants sind die an M. Herz die interessantesten und zugleich die einzigen, die uns einen genaueren Einblick in die Entstehung der Vernunftkritik gewähren.

In jener Inauguralschrift waren die Aufgaben der Kritik und schon die erste ihrer grundlegenden Entdeckungen, die neue Lehre von Zeit und Raum, enthalten. Es ist leicht zu sehen, daß die Frage nach „Form und Principien der sinnlichen und intelligibeln Welt" zusammenfällt mit der Frage nach den Grundformen und Grenzen des sinnlichen und intellectuellen Erkenntnißvermögens; denn die Sinnenwelt umfaßt die Objecte, wie sie unserer Sinnlichkeit einleuchten, die intelligible Welt dagegen die Vorstellungen der Dinge, wie sie unabhängig von ihrer sinnlichen Erscheinung oder der Art unserer Sinneswahrnehmung an sich sind und nur durch den Intellect gefaßt werden können. Der Philosoph mußte sich daher jetzt die Aufgabe stellen, in einem ausführlichen Werke „die Grenzen der Sinnlichkeit und Vernunft" auseinanderzusetzen. Die Vernunfterkenntniß aber betraf in ihrem ganzen Umfange die Principien der Naturlehre, der Moral und der Aesthetik oder, anders ausgedrückt, „die Metaphysik der Natur, die Metaphysik der Sitten und die Geschmackslehre". Damals beabsichtigte Kant, den ganzen Inhalt der kritischen Philosophie in einem Gesammtwerke baldigst darzustellen. Aber die Aufgaben sonderten sich, es entstanden eine Reihe grundlegender kritischer Untersuchungen, deren jede ein Werk für sich ausmachte, und es dauerte zwanzig Jahre, bis der Plan ausgeführt war, den Kant in einem Briefe an Herz vom 7. Juni 1771 als sein Vorhaben bezeichnete.

Von diesen Aufgaben rückte eine sogleich in den Vordergrund: das metaphysische Problem, die Frage nach der Erkenntniß der Dinge, der theoretischen und praktischen. Die Lösung dieser Aufgabe nannte der Philosoph eine „Kritik der reinen Vernunft". Auch so waren Plan und Grenzen des Werkes noch viel zu weit gefaßt. Die Kritik der reinen Vernunft mußte sich einschränken auf die theoretische Erkenntnißlehre: die Begründung unserer Erkenntniß der Dinge vermöge der Sinnlichkeit und des Verstandes. Ein solches

Werk hoffte Kant binnen drei Monaten herauszugeben: so schrieb er den 21. Februar 1772. Aus drei Monaten wurden neun Jahre. Immer wieder sieht er in diesem langen Zeitraum das Ziel weit näher, als es ist; immer wieder rückt es in die Ferne. Vergeblich hofft er, dasselbe im Sommer 1777 erreichen zu können; der nächste Winter, der folgende Sommer vergehen, und noch bleiben Hoffnungen wie Versprechungen unerfüllt; auch in den Weihnachtstagen 1779 ist der gehoffte Abschluß noch nicht gewonnen. Nachdem die Schwierigkeiten der Untersuchung besiegt sind, kommen die der Darstellung und Verdeutlichung, weit stärkere Hindernisse, als Kant sich vorgestellt. „Was ich die Kritik der Vernunft nenne", schreibt er den 20. August 1777, „liegt mir wie ein Stein im Wege." „Was mich aufhält, ist nichts weiter als die Bemühung, allem darin Vorkommenden völlige Deutlichkeit zu geben." Die echte Deutlichkeit fordert, daß man die Ausführung und Verständlichkeit mit der Kürze vereinigt. Kürze auf Kosten der Deutlichkeit kostet dem Leser einen unnützen Zeitaufwand, und das ist auch eine Länge, für welche der Autor verantwortlich gemacht wird. Kant hat das treffende Wort des Abbé Terrasson wohl beherzigt: „Manches Buch würde weit kürzer sein, wenn es nicht so kurz wäre". Aber es giebt auch eine Breite der Ausführung auf Kosten der Deutlichkeit: wenn uns dadurch das Ganze verdunkelt wird! „Manches Buch", sagte Kant, um den Ausspruch Terrassons nicht weniger treffend zu ergänzen, „würde viel deutlicher geworden sein, wenn es nicht gar so deutlich hätte werden sollen." Die musterhafte Art der Deutlichkeit dem schwierigsten aller Bücher zu geben, war das Ziel, das dem Philosophen in seiner Vernunftkritik vorschwebte, das er aber in dieser Vollendung auf den ersten Wurf unmöglich zu erreichen vermochte.

Endlich war die Arbeit so weit gediehen, daß Kant, nachdem er das Ganze erst durchdacht, dann die einzelnen Theile schriftlich entworfen und im Zusammenhange bearbeitet hatte, nun die letzte Hand an die Sache legen und die für den Druck bestimmte Composition und Abschrift besorgen konnte. Es geschah im Laufe des Jahres 1780 binnen vier bis fünf Monaten. Im October bot ihm Hartknoch in Riga seinen Verlag an, und noch vor Abschluß des Jahres begann der Druck. Aus den drei Monaten waren neun

Jahre, aus dem versprochenen „Werkchen von geringer Bogenzahl" ein corpulentes Werk geworden, dessen Bogenzahl zwei Alphabete überstieg, und von dem Hamann scherzhaft sagte: „Es paßt nicht zu der Statur des Autors".

Den 1. Mai 1781 schrieb Kant seinem Schüler und Freunde in Berlin: „Diese Ostermesse wird ein Buch von mir unter dem Titel „Kritik der reinen Vernunft" herauskommen. Es wird für Hartknochs Verlag bei Grunert in Halle gedruckt". „Dieses Buch enthält den Ausschlag aller mannichfaltigen Untersuchungen, die von den Begriffen anfingen, die wir zusammen unter der Benennung des mundi sensibilis und intelligibilis abbisputirten; es ist mir eine wichtige Angelegenheit, demselben einsehenden Manne, der es würdig fand, meine Ideen zu bearbeiten, und so scharfsinnig war, darin am tiefsten einzubringen, diese ganze Summe meiner Bemühungen zur Beurtheilung zu übergeben."

III.

Ein Jahrhundert ist seit der Geburt dieses Werkes, eines der schwierigsten und reifsten, die je erschienen sind, abgelaufen, und heute streitet man von neuem über den Sinn der kantischen Lehre, als ob sie von gestern wäre, und die Reihe der Systeme, die aus ihr hervorgegangen, nicht zu den Früchten gehörten, woran der Baum erkannt wird; als ob jetzt erst eine „philologische" Interpretation seiner Sätze das Verständniß des Philosophen herbeiführen solle, das ein von den Ideen Kants bewegtes und erfülltes Jahrhundert verfehlt habe! Indessen läßt sich das Werk eines großen Denkers auch im Einzelnen nur richtig verstehen, wenn uns die Aufgabe und der innerste Gedanke des Ganzen einleuchtet. Versuchen wir also, die Grundidee so zu erhellen, daß unseren Lesern jene Schwierigkeiten erspart werden, welche Dunkelheit im Ausdruck und Breite im Detail verursachen. Worin lag die Nothwendigkeit einer neuen Epoche der Philosophie, die Aufgabe, welche Kant ergriff, und deren eigenthümliche Fassung, worin er selbst die Neuheit und das unterscheidende Kennzeichen seiner Sache erblickte?

Vor ihm wollte alle Speculation eine Erklärung der Dinge sein, jede strebte in ihrer Weise nach einem Weltsystem und gab einen mehr oder weniger ausgeführten Entwurf, der das All der Dinge umfaßte. So lange es nun neben einer solchen universellen Erkenntniß noch keine besonderen, in die Einzelgebiete der Dinge verzweigten Wissenschaften gab, herrschte die Philosophie ohne mächtige Widerrede und erstreckte sich über ein weites Reich, dessen Provinzen herrenlos waren. Aber sobald die besonderen Wissenschaften sich einstellten und jene Provinzen anbauten, erhoben sich in immer stärkerer Zahl die Gegner, die der Philosophie mit der Herrschaft auch die Berechtigung ihrer Existenz streitig machten. Im Alterthum hatte die Metaphysik, im Mittelalter die Theologie, die deren Stelle vertrat, gut reden, denn die beobachtenden Wissenschaften waren noch unreife und unmündige Kinder. Durch die Entdeckungen, welche die Epoche der neuen Zeit ausmachten und unsere Weltanschauung auf allen Gebieten umgestalteten, wurden sie groß; die Specialforschung erstarkte, und in demselben Maße, als in dem Gebiete der menschlichen Erkenntniß die Territorialhoheit zunahm, sank das kaiserliche Ansehen der Philosophie. Sollte ihr Reich nicht zu Grunde gehen, wie weiland das römisch-deutsche, so mußte sie darauf bedacht sein, sich eine neue, feste, von seiten der Erfahrungswissenschaften anerkannte und unbestreitbare Stellung zu erobern.

Sie war **überflüssig**, wenn sie nur den Doppelgänger der Erfahrungswissenschaften machte und nachsprach, was diese entdeckt und erkannt hatten; sie war **vom Uebel**, wenn sie unabhängig von aller Erfahrung dieselben Gegenstände ergründen wollte und mit unsicheren oder falschen Speculationen sicheren Ergebnissen widersprach: sie mußte der Erfahrung aus dem Wege gehen und durfte sie nie aus dem Auge verlieren; sie mußte zunächst das Feld der Erfahrungsthatsachen, das Gebiet der Erkenntniß der Dinge verlassen und die Möglichkeit der Erfahrung selbst, die Möglichkeit einer Erkenntniß der Dinge überhaupt zu ihrem Problem nehmen, aus dessen Lösung sich die neue Weltansicht ergab. Dies war der einzig mögliche Ausweg, welcher der Philosophie übrig blieb; es war zugleich eine nothwendige, von dem Erkenntnißberuf des menschlichen Geistes geforderte Aufgabe.

Jetzt hieß die Grundfrage nicht: wie sind die Dinge und ihre Erscheinungen möglich, die Thatsachen, deren Inbegriff wir

Natur oder Wirklichkeit nennen? Sondern sie hieß: wie ist die Thatsache der Erfahrung und der Erkenntniß der Dinge selbst möglich? Es ist klar, daß diese Frage nicht durch die Erfahrung gelöst werden kann, denn diese ist und kann nicht ihr eigener Gegenstand sein. Daher wird eine wissenschaftliche, von der Erfahrung unterschiedene und doch unverwandt auf dieselbe gerichtete Untersuchung gefordert. Es mußte der Ort gefunden werden, von dem aus man die Erfahrung, die Erkenntniß der Dinge überhaupt ihrem ganzen Umfange nach vor sich zu sehen und zu durchschauen vermochte. Auf diesen Punkt stellte Kant die Philosophie und brachte einfach genug das Ei zum Stehen, was vor ihm so viele Hände versucht hatten, aber das Ei war immer wieder umgefallen.

Die Frage nach der Möglichkeit der Erkenntniß war als solche nicht neu¹, es gab in der Geschichte der Philosophie Erkenntnißtheorieen die Menge; man hatte vor Kant in der alten wie neuen Zeit diese Frage oft genug gestellt und untersucht, aber stets so beantwortet, daß die Bedingungen, woraus die Thatsache unserer Erkenntniß hervorgehen sollte, bei Licht besehen, selbst schon das volle Factum der Erkenntniß waren, wenn auch in der einfachsten Gestalt. So war die fragliche Thatsache nicht erklärt, sondern vorausgesetzt, gleichviel ob diese Voraussetzungen in dem Factum angeborener Ideen oder sinnlich gegebener und verknüpfter Eindrücke bestanden; gleichviel wie diese Verknüpfung genannt wurde, ob Causalzusammenhang oder Zeitfolge. Die Philosophen vor Kant erklärten die Erkenntniß durch eine Art Erkenntnißstoff, wie vordem die Physiker die Wärmeerscheinungen durch den Wärmestoff oder die Verbrennung durch das Phlogiston. So blieb die Thatsache der menschlichen Erkenntniß unerklärt, und da die gemachten Voraussetzungen nicht zufällig waren, sondern aus der Beschaffenheit und Richtung ihrer Systeme nothwendig folgten, blieb sie auch unerklärlich: sie galt als ein Dogma, welches selbst die Skeptiker trotz aller Verneinung bestehen ließen und brauchten.

Diesen dogmatischen Zustand aller Pilosophie vor ihm durchschaute Kant und machte demselben mit der sehr einfachen und einleuchtenden Forderung ein Ende, daß die Bedingungen zur Erkenntniß und Erfahrung nicht selbst schon Erkenntniß oder Erfahrung sein dürfen, sondern derselben vorausgehen müssen, wie die Factoren dem Product und die Ursachen der Wirkung. Es ist ein großer Unterschied zwischen dem, was über unsere Erkenntniß hinausgeht oder dieselbe übersteigt (transscendirt), und dem, was ihr vorausgeht und von Kant mit dem Wort «a priori» oder „transscendental" bezeichnet wird: das erste liegt jenseits unseres Erkenntnißhorizontes, das letztere diesseits. Auf diese diesseitigen Bedingungen unserer Erkenntniß und Erfahrung richtet Kant seine Untersuchung. In dieser Richtung ist sie neu und von aller früheren Philosophie unterschieden: sie verhält sich zu den Bedingungen der menschlichen Erkenntniß nicht voraussetzend, sondern untersuchend, prüfend, sichtend, d. h. nicht dogmatisch, sondern kritisch. Der Gegenstand dieser kritischen Untersuchung sind die Erkenntnißfactoren, d. h. unsere Vernunftvermögen: daher der Name „Vernunftkritik" für die kantische Forschung. Es handelt sich aber um die Vernunft, wie dieselbe die Erfahrung hervorbringt und nicht aus der letzteren hervorgeht, erfüllt mit mannichfachen empirischen Vorstellungen; es handelt sich, kantisch zu reden, um die Vernunft a priori, die reine Vernunft als den Inbegriff transscendentaler Vermögen; daher nannte der Philosoph sein Werk „Kritik der reinen Vernunft". Das Wort „transscendental" bezeichnet bei ihm sowohl die Bedingungen, die der Erfahrung vorausgehen, als auch die darauf gerichtete Untersuchung; es ist im ersten Fall gleichbedeutend mit «a priori», im zweiten gleichbedeutend mit „kritisch": daher die kritische Philosophie auch Transscendentalphilosophie heißt und die Vernunftkritik jeden ihrer Abschnitte und jede ihrer Untersuchungen unter dem Titel einer „transscendentalen" ankündigt. Es ist gut, den Sinn dieser Bezeichnung zu erklären, da man sich unter dem unverstandenen oder mißverstandenen Wort allerhand Dunst und Schwärmereien vorzustellen pflegt.

In der kritischen Richtung, die Kant der Philosophie angewiesen und gebahnt hat, liegt seine epochemachende That, die weit mehr als nur einen Fortschritt bedeutet, denn sie enthält für alles philosophische und wissenschaftliche Denken, welches gelten will, die fortbeständige, unvertilgbare Norm. Dieser Ausspruch bedarf einer näheren Begründung.

IV.

Um die Bedeutung und Tragweite dieser Epoche richtig zu würdigen, müssen wir uns klar machen: **was heißt überhaupt kritisch denken?** Man kann sich zu den Objecten dogmatisch oder kritisch verhalten: dogmatisch, wenn man sie als gegeben nimmt und ihre Eigenschaften erkennt; kritisch, wenn man die Bedingungen untersucht, woraus sie und ihre Beschaffenheiten hervorgehen, d. h. ihre Entstehung erforscht und ihre Entwicklungszustände verfolgt. Die Entstehung und Entwicklung der Objecte sind die Probleme des kritischen Denkens, die entwicklungsgeschichtliche Vorstellung der Dinge ist dessen Arbeit und Frucht. Wenn wir das Weltgebäude als gegeben und fertig annehmen und die Gesetze seiner vorhandenen Einrichtung zu erkennen suchen, so verhalten wir uns zur Sache dogmatisch, kritisch dagegen, wenn es sich um die Frage handelt: wie ist das Weltall entstanden, und aus welchen Veränderungen ist sein gegenwärtiger Zustand allmählich hervorgegangen? Ebenso steht es mit der Betrachtung der Erde und alles irdischen Lebens in der ganzen Mannichfaltigkeit seiner Formen und Arten, mit der Betrachtung der Menschheit und ihrer Racen, der Völker und Sprachen, der Religionen und Religionsurkunden, der Dichtung und Kunst, mit einem Wort der gesammten Welt der Natur und Bildung. Ich brauche blos die Namen Kant und Laplace, Lamarck und Darwin, Fr. A. Wolf und G. Niebuhr, Franz Bopp und Karl Ritter, Ferd. Chr. Baur und D. Fr. Strauß u. a. zu nennen, um den Anblick eines Jahrhunderts hervorzurufen, das von allen Seiten auf den Wegen kritischer Forschung der entwicklungsgeschichtlichen Weltansicht zustrebt. Ich spreche nicht von diesem oder jenem Ergebniß der Forschung, sondern von der kritischen Geistesrichtung, in welche auch die Gegner eingehen müssen, um die Resultate, denen sie abgeneigt sind, zu bekämpfen. Jede unserer wissenschaftlichen Größen seit den Tagen Lessings darf als ein Beispiel gelten, wie man sich im Erkennen der Dinge kritisch verhält; auf dem Gipfel steht Kant, weil er sich zum Erkennen selbst kritisch verhielt und dadurch der Begründer eines Zeitalters wurde, das man mit Recht das kritische genannt hat. Das vorige Jahrhundert hieß das der Aufklärung, das unsrige ist das der Kritik: darin liegt die Bedeutung und Tragweite der Epoche Kants, die in dieser Geltung niemals ausgelebt werden kann.

Aus der Fassung der kantischen Aufgabe läßt sich sogleich eine Vorstellung ihres Umfangs gewinnen, der über den Bezirk aller früheren Erkenntnißtheorien weit hinausgeht, und dessen Nichtbeachtung oder Nichtverständniß die Einsicht in den Geist der kantischen Lehre verhindert. Es sollen die Erkenntnißfactoren entdeckt und daraus die Möglichkeit der Erfahrung erklärt werden. Darin besteht die Aufgabe. Nun leuchtet ein, daß ohne die Möglichkeit der Erfahrung es auch keine Gegenstände möglicher Erfahrung, keine Erfahrungsobjecte, keinen Inbegriff derselben giebt, welchen letzteren wir mit dem Worte Sinnenwelt bezeichnen. Daher muß in einem gewissen Sinne die Frage nach der Möglichkeit der Erfahrung, nach der Entstehung der Erkenntniß zusammenfallen mit der Frage nach der Entstehung der Sinnenwelt. Die kantische Philosophie muß bei der Art, wie sie ihre Aufgabe gefaßt hat, einen Gesichtspunkt fordern und ergreifen, unter dem die Sinnenwelt nicht mehr als etwas Gegebenes, sondern als etwas kraft der Vernunft Hervorgebrachtes erscheint: einen Gesichtspunkt, unter dem die Entstehung der Sinnenwelt aus den Bedingungen der Vernunft und ihrer Thätigkeit einleuchtet.

Jetzt erst erhellt sich die ganze Kluft zwischen der dogmatischen und kritischen Denkweise, und wir erkennen die ungemeine Geistesanstrengung, die sowohl zu den Entdeckungen der Kritik als auch zu deren Verständniß erforderlich ist. Die Schwierigkeiten, welche neue Lebens- und Erkenntnißzustände zu überwinden haben, sind allemal so groß, als der Abstand beider von dem gewohnten Gange des Lebens und Bewußtseins; sie erscheinen in der hartnäckigsten Stärke, wenn wir genöthigt werden, den natürlichen und gleichsam eingewurzelten Gesichtspunkt unserer Vorstellungen aufzugeben. So verhält es sich mit der kritischen Denkart gegenüber der dogmatischen. Ich will die Schwierigkeiten, um die es sich handelt, durch eine Vergleichung, die mit unserer Sache eine tiefere als nur bildliche Verwandtschaft hat, zu verdeutlichen suchen. Unter dem natürlichen Gesichtspunkt, auf den wir uns gestellt finden, erscheint uns das

Weltgebäude als ein vorhandenes gegebenes Object, als ein Kugelgewölbe, in dessen Mittelpunkt die Erde ruht, um welche Himmel und Sonne, Mond und Planeten in verschiedenen Umlaufszeiten ihre Kreise beschreiben. Auf diese Anschauung gründete sich die alte Astronomie, die zur Auseinandersetzung der gegebenen Phänomene, der gemeinsamen und eigenthümlichen Umläufe der Weltkörper einer künstlichen Sphärenmaschinerie, zur Erklärung des scheinbar verwickelten Planetenlaufs jener ptolemäischen Annahme der Epicykeln bedurfte, die am Ende doch nicht ausreichten, um die Thatsachen der planetarischen Bewegungserscheinungen aufzulösen. Die Phänomene blieben unerklärt. Kopernikus durchschaute den unhaltbaren Zustand der alten Astronomie und die Wurzel ihres Irrthums: sie lag in der geocentrischen Vorstellung. Um die Planetenwelt zu verstehen, mußte dieser natürliche Gesichtspunkt der ersten, sinnlich nächsten Betrachtung aufgegeben und der heliocentrische ergriffen werden, von dem aus der menschliche Geist die Erde in seinen Horizont faßt, unter den Planeten entdeckt und auf seinen irdischen Standort herabsieht. Nun leuchtet ein, daß der Erdbewohner die Achsendrehung und Centralbewegung des eigenen Weltkörpers nicht wahrnimmt, daß aus dieser Nichtwahrnehmung, diesem Nichtwissen der eigenen Thätigkeit jener nothwendige Schein hervorgeht, der uns den täglichen Umschwung des Firmaments, die jährliche Bewegung der Sonne um die Erde und die Unregelmäßigkeiten im Lauf der Planeten, die mit der Erde dasselbe Centrum umkreisen, erblicken läßt. Das kopernikanische System widerlegt und stürzt das ptolemäische, es erkennt dessen Grundirrthum und erklärt aus dem geocentrischen Standpunkt alle jene scheinbaren Bewegungen, die demselben als unumstößliche Thatsachen des Augenscheins gelten und gelten müssen; es setzt an die Stelle künstlicher und unzureichender Hypothesen die einfachste und naturgemäßeste Lösung. Wie sich in der Astronomie das kopernikanische System zum ptolemäischen, wie sich in der Vorstellung der Planetenwelt der heliocentrische Standpunkt zum geocentrischen: so verhält sich überhaupt die kritische Betrachtungsweise zur dogmatischen, der transcendentale Gesichtspunkt zum natürlichen.

Unwillkürlich giebt uns das Beispiel und die Lehre des Kopernikus einen bedeutsamen Fingerzeig. Wie es sich mit unserer Vorstellung der Körperwelt im Großen, des Planetensystems im Besonderen verhält, so kann und wird es sich wohl mit der Sinnenwelt im Ganzen verhalten. Es ist vorauszusehen, daß ähnliche Grundirrthümer ähnliche Folgen haben werden, daß wir, unbewußt der eigenen Geistesthätigkeit in der Ausbildung unserer gesammten sinnlichen Vorstellungswelt, diese letztere für ein gegebenes Object ansehen und das eigene Thun für den Zustand und die Eigenschaften der Dinge außer uns halten; so wie wir im Universum statt der Bewegung des eigenen Weltkörpers die Bewegungen und Bewegungszustände fremder Weltkörper erblicken, weil wir die des unsrigen nicht wahrnehmen. Eine ähnliche Selbsttäuschung, als welche der geocentrische Standpunkt mit sich führt, beherrscht unsere gesammte Weltvorstellung und bedarf, um erleuchtet und in ihrer Geltung zerstört zu werden, einer ähnlichen Selbstbesinnung und Selbsterkenntniß; nur daß ihre Grundlagen weit umfassender und verborgener, deshalb schwieriger zu entdecken und zu erforschen sind, als die unserem kosmischen Wohnort anhaftende Wurzel des geocentrischen Irrthums.

Um die Ordnung der Planetenwelt und in ihr die Bewegung der Erde zu erkennen, mußte Kopernikus den heliocentrischen Standpunkt in die Astronomie einführen. Um die Ordnung der Sinnenwelt und in ihr unsere Vernunftthätigkeit zu erkennen, mußte sich die Philosophie auf den kritischen (transscendentalen) Standpunkt erheben, von dem aus die Welt aller Erscheinungen in Zeit und Raum erblickt wird. Wie sich der heliocentrische Standpunkt zum menschlichen Wohnort, so verhält sich der kritische zur menschlichen Vernunft; der Erkenntnißhorizont des ersten reicht so weit als das Gebiet der Weltkörper, der des andern so weit als Zeit und Raum, als die Vernunft und ihre Grenzen. Kant wurde der Kopernikus der Philosophie und wollte es sein. Unsere Vergleichung ist ihm aus der Seele und nach dem Munde gesprochen, er hat sein Werk gern und wiederholt mit dem des Kopernikus verglichen, wie Bacon das seinige mit dem des Columbus.

V.

Wir haben vorhin den Unterschied der dogmatischen und kritischen Denkweise so ausgedrückt, daß dort die Objecte als gegeben vorausgesetzt sind, hier dagegen gefragt wird: wie sind sie entstanden? Nun leuchtet ein, daß in unserer Vernunft kein Object erscheinen und zu Stande kommen kann ohne unsere eigene erzeugende Thätigkeit. Daher ist die Ansicht, nach welcher die Dinge uns von außen gegeben sind, nur möglich, wenn man die eigene hervorbringende Thätigkeit nicht einsieht, nicht kennt oder vergißt. Der Zustand der Unbewußtheit oder Selbstvergessenheit charakterisirt den Dogmatismus der Denkart. Nicht wissen, was man thut, und deshalb das eigene Product für ein fremdes ansehen: darin besteht und daraus erklärt sich alles dogmatische Verhalten. Entspringt jene Thätigkeit tiefer als unser Bewußtsein, oder, was dasselbe heißt, geht sie dem letzteren vorher, so geschieht sie unbewußt, und die dogmatische Ansicht der Objecte ist dann die natürlichste Sache der Welt; sie ist die erste und nächste Vorstellungsart, deren Widerlegung nur möglich ist, wenn die unbewußte Production erleuchtet und in das Bewußtsein erhoben wird. Darin besteht eine der schwierigsten Aufgaben des kritischen Denkens. Ist die erzeugende Thätigkeit eine bewußte, so kann sie nur durch einen völligen Mangel an Selbstbesinnung in Vergessenheit gerathen, aber die Folge wird die gleiche sein; wir werden im Zustande einer solchen Vergessenheit das eigene Werk für ein fremdes ansehen, nur daß in diesem Fall die Thorheit der dogmatischen Vorstellung sogleich in die Augen springt. Niemand findet die geocentrische Weltanschauung, bevor wir deren Ungrund erkannt haben, thöricht, aber jeder lacht über den Mann, der sich nicht genug darüber wundern konnte, daß man entdeckt habe, wie die Sterne heißen. Und doch ist der erste Irrthum ebenso dogmatisch als der zweite: sie folgen beide nothwendig aus dem Nichtwissen des eigenen Thuns, nur daß wir die Erdbewegung nicht wahrnehmen können, wohl aber wissen, daß alle Namengebung ein Werk menschlicher Erfindung ist. Wer dies nicht weiß oder vergißt, dem müssen die Namen der Weltkörper als von außen gesetzt, gleichsam als Signaturen erscheinen, die sich zu den Sternen verhalten, wie die Schilder zu den Wirthshäusern, und dann hat man freilich Recht, sich über die teleskopische Entdeckung derselben zu wundern.

Das Nichtwissen des eigenen Thuns ist der innerste Grund alles dogmatischen Verhaltens, aller Selbsttäuschung, Verblendung und

Thorheit, auch in der Wahl unserer Lebensziele und Lebensrichtung. Das Wissen des eigenen Thuns ist die durchgängige Aufgabe des kritischen Denkens, der Weg der Selbsterkenntniß und Selbstbesinnung, gerichtet auf das Ziel echter Wissenschaft und Lebensweisheit. Man hat Kant wohl mit Sokrates verglichen. In dem eben ausgesprochenen Charakter liegt der Vergleichungspunkt: Selbsterkenntniß, Wissen des eigenen Thuns in Absicht auf die wahrhaft menschlichen Lebenszwecke war das Thema, womit Sokrates im Alterthum, Kant in der neuesten Zeit die Epoche der Philosophie gemacht haben. In der Hervorhebung dieser Aufgabe sind sie einander ähnlich, in der Art der Lösung grundverschieden.

Unsere Weltvorstellung ist unbewußt entstanden und darum von Geburt dogmatisch: auf diesem Punkte steht und beharrt das natürliche Bewußtsein, auf dieser Grundanschauung ruht die dogmatische Philosophie, die ihre Systeme in allen möglichen Richtungen ausgebildet und erschöpft haben muß, bevor der kritische Umschwung eintreten kann. Daher ist es nicht befremdlich, daß sich der Zeitpunkt des letzteren so spät erfüllt, erst nachdem in dem Ideengange der Menschheit mehr als zwei Jahrtausende abgelaufen waren. Die dogmatische Philosophie ist die entwicklungsgeschichtliche Voraussetzung der kritischen, wie das ptolemäische System die des kopernikanischen.

Es giebt in dem Entwicklungsgange jedes Menschen, auch derer, die zu den höchsten wissenschaftlichen Entdeckungen berufen sind, einen Geisteszustand, worin das dogmatische Verhalten das allein naturgemäße und das kritische geradezu unmöglich ist. Man muß eine Fülle von Objecten kennen gelernt und einen Reichthum von Vorstellungen erworben haben, um ein Interesse an ihrer Erzeugung fassen und die Frage stellen zu können: wie sind diese Objecte entstanden? Man muß Vorstellungen haben, um fragen zu können, woher man sie habe?

Wenn dem Kinde eine Geschichte erzählt wird, die es mit Begierde und Spannung anhört, um sein Einbildungsbedürfniß zu sättigen, so fällt es ihm nicht ein sich zu erkundigen: woher diese Geschichte? wer ist ihr Gewährsmann und Urheber? Es fragt wohl, ob die Geschichte auch wahr sei, aber nicht aus irgend einem Interesse der Erkenntniß, sondern weil es diese Wahrheit wünscht, denn die wirkliche Begebenheit macht auf die Phantasie des Kindes einen ganz anderen und weit stärkeren Eindruck als die erfundene. Um einen solchen Eindruck ist es dem Kinde zu thun, wenn es gläubig einer Erzählung lauscht, keineswegs um eine Prüfung, die seinen Glauben erschüttern könnte. Daher ist es auch gleich und gern zufrieden, wenn ihm versichert wird, die Sache sei wahr. Aus eben demselben Grunde fordert in religiösen Dingen der kindliche, darum auch der volksthümliche Glaube die Wirklichkeit der heiligen Geschichte und empfindet jede Abminderung der historischen Realität, jede mythologische Erklärungsart als eine Abschwächung des erhabenen Eindrucks und als eine Verflüchtigung des Glaubens.

Wenn dem Kinde Bilder gezeigt werden, so ist seine Schaulust ganz von den dargebotenen Gegenständen erfüllt; es ergötzt sich am Bilde, es will wissen, was dargestellt ist, und fragt nicht, von wem? Sagen wir ihm, die Frau in diesem Gemälde sei Maria mit dem Jesuskinde auf ihrem Arm, so ist es völlig befriedigt. Daß der Maler Raphael heißt, sagt ihm gar nichts. Es wird nicht fragen: „echt oder unecht? Copie oder Original?" Solche Fragen können ihm nicht in den Sinn kommen, denn sie setzen Vorstellungen voraus, die das Kind nicht hat und haben kann. Man sieht, wie nothwendig und unentbehrlich in der Ausbildung unserer Vorstellungswelt das dogmatische Verhalten ist, wie ungereimt und lächerlich die Forderung wäre, von vornherein kritisch zu denken. Ebenso nothwendig und unentbehrlich ist die dogmatische Philosophie im Ideengange der Menschheit, ebenso unmöglich ist die kritische im Beginn der philosophischen Weltbetrachtung.

Nicht blos die Voraussetzung, sondern der Gegenstand der Kritik ist unsere Erkenntniß der Dinge in ihrer angeborenen dogmatischen Verfassung. Offenbar muß die Thatsache der Erkenntniß vorhanden sein, bevor und damit die Möglichkeit und Berechtigung derselben erforscht wird; sie muß gegeben, auf reflexionslosem, unkritischem Wege entstanden sein, um die Frage hervorzurufen: wie ist sie gegeben? Die kritische Philosophie verhält sich demnach zu unserer natürlichen (dogmatischen) Erkenntniß der Dinge, die letztere in ihrem ganzen Umfange genommen, der auch die dogmatische Philosophie in sich schließt, wie die Physiologie zum Leben, die

Optik zum Sehen, die Akustik zum Hören, die Grammatik zum Sprechen u. s. w. Durch eine falsche Umkehrung dieses Verhältnisses könnte man leicht der kritischen Philosophie eine Thorheit zuschreiben, die dem Unsinn gleich käme: als ob sie meinte oder meinen müßte, daß mit der Erkenntniß der Dinge zu warten sei, bis sie mit der Erklärung und Begründung derselben ins Reine gekommen; daß man erst ergründen müsse, wie man erkennt, bevor man sich mit dem Erkenntnißvermögen in den Strom der Dinge wagt! Dann freilich würde Kant, wie Hegel gespottet, jenem thörichten Manne gleichen, der nicht eher in das Wasser gehen wollte, als bis er schwimmen gelernt. Um das Bild festzuhalten und das natürliche Erkennen mit dem Schwimmen zu vergleichen, so verhält sich Kant zu jenem, wie Archimedes, der die Gesetze des Schwimmens entdeckte, zu diesem. Man beachte wohl die Reihenfolge unserer Wahrnehmungs- und Erkenntnißzustände, sie ist einleuchtend genug: erst das natürliche Sehen, dann die Optik, dann das unterichtete, urtheilende, kritische Sehen, wobei wir uns aller unvermeidlichen optischen Täuschungen, aller Trugbilder des Augenscheins wohl bewußt sind. Das natürliche Sehen ist Gegenstand der Optik, das kritische ist deren Folge. Ganz ähnlich ist die Reihenfolge in den Entwicklungszuständen der Philosophie: erst das natürliche Erkennen und die dogmatischen Systeme, dann die Vernunftkritik, aus der ein geschultes, belehrtes, berichtigtes Erkennen hervorgeht, das die Selbsttäuschungen der Vernunft, die dogmatischen Trugbilder durchschaut und alle darauf gegründeten Erkenntnißsysteme und Erkenntnißkünste vermeidet. Wenn Kant in diesem Sinne dem Fortbau und den Versuchen einer gewissen Metaphysik sein Halt zurief, so wollte er, um das vorige Bild noch einmal zu brauchen, nicht vor dem Schwimmen im Wasser, sondern vor einem halsbrechenden Flug durch die Lüfte gewarnt haben.

VI.

Die Aufgaben der Vernunftkritik mußten dem Zeitalter angepaßt sein, woraus sie hervorging, und es gehört zu ihrer hundertjährigen Gedächtnißfeier, daß wir uns ihren historischen Charakter und den dadurch bestimmten Gang ihrer Untersuchung vergegenwärtigen. Richten wir deshalb einen orientirenden Blick auf die philosophischen

Erkenntnißzustände, die Kant vor sich sah, ich meine die dogmatischen Systeme, welche die neue Aera seit den Anfängen des siebzehnten Jahrhunderts erzeugt hatte: sie gründen sich sämmtlich auf die Forderungen des natürlichen Erkennens und sind aus den letzteren ohne gelehrte Weitläufigkeiten zu verstehen.

Die natürliche Vernunft fordert im Vertrauen auf ihre Kräfte die Erkenntniß der Dinge durch eigene, unbefangene und vorurtheilsfreie Forschung: dieser Ausgangspunkt gilt für die gesammte neuere Philosophie. Daß sie in gutem Glauben an das natürliche Licht der Vernunft muthig ans Werk geht, macht ihren dogmatischen und naturalistischen Charakter. Aber hieraus entspringt eine Streitfrage, die den Entwicklungsgang der Philosophie nöthigt, sich in entgegengesetzte Richtungen zu scheiden: den Einen gilt als der einzige Weg der Erkenntniß die sinnliche, richtig geleitete Erfahrung und Beobachtung, den Anderen das von der sinnlichen Wahrnehmung unabhängige klare und deutliche Denken; wir nennen die Philosophie der ersten Art Empirismus, die der zweiten Rationalismus. Die Berechtigung des Empirismus versteht sich von selbst; die des Rationalismus liegt darin, daß auf dem Wege der sinnlichen Wahrnehmung wir die Dinge nur erkennen, wie sie in unseren Sinnesorganen erscheinen, nicht wie sie in Wahrheit oder unabhängig davon an sich sind. Das klare und deutliche, d. h. einleuchtende Denken besteht in einem stetig fortschreitenden Begründen und Folgern nach dem Vorbilde der Mathematik und muß deshalb von unmittelbar gewissen Grundsätzen oder Principien ausgehen, woraus alles Uebrige folgt. Eine solche Principienlehre nennt man Metaphysik: daher entwickelt sich der Rationalismus in einer Reihe metaphysischer Systeme. Die durchgängige Streitfrage der neueren Philosophie schwebt demnach zwischen Metaphysik und Erfahrung, und Kant wollte der Richter sein, der in seiner Vernunftkritik diesen Proceß untersucht und entscheidet.

Den Empirismus hatte Bacon in zwei epochemachenden Werken, dem „über den Werth und die Vermehrung der Wissenschaften" (1605) und seinem „Neuen Organon" (1620) begründet, er hatte den Weg der Erfahrung, die inductive Methode beschrieben, die von der Wahrnehmung der Thatsachen zu der Erkenntniß der Ursachen führt, aber nicht untersucht, aus welchen Elementen die Erfahrung selbst besteht. Diese Aufgabe löste Locke in einem der wichtigsten und einflußreichsten Werke der neueren Philosophie, seinem „Versuch über den menschlichen Verstand" (1690); er begründete den Standpunkt des Sensualismus: alle Erfahrung ist Wahrnehmung, äußere und innere (Sensation und Reflexion), alle Wahrnehmungsobjecte sind Ideen oder Eindrücke des äußeren und inneren Sinnes. Nun fragt sich: was sind Eindrücke? Hier entsteht ein neuer Gegensatz innerhalb des Sensualismus: Eindrücke sind entweder nur Perceptionen (Vorstellungen), dann sind alle unsere Erkenntnißobjecte Ideen, dann giebt es in Wahrheit nur wahrnehmende und wahrgenommene Wesen, nur Geister und Ideen; oder sie sind blos körperlicher Natur, Impressionen, organische Veränderungen, dann giebt es in Wahrheit nur Materie und Bewegung. Der erste Standpunkt nennt sich **Idealismus**, welches Wort zunächst nur diesen Standpunkt bezeichnet, den Berkeley begründete (1710—13), der zweite **Materialismus**, den besonders die französische Philosophie des vorigen Jahrhunderts ausgeführt und in dem „système de la nature" (1770) vollendet hat. Es giebt noch eine dritte Folgerung. Wenn alle Erkenntnißobjecte nur Eindrücke sind, so bestehen sie in einzelnen Erscheinungen ohne ein allgemeines und nothwendiges Band; dann ist jede Art der Verknüpfung durch uns gemacht und durch unsere Gewohnheit befestigt, also ohne objectiven und gültigen Erkenntnißwerth, dann giebt es überhaupt keine wahre Erkenntniß: dies ist der Standpunkt des Skepticismus, den D. Hume, einer der scharfsinnigsten Männer, die aus der Erfahrungsphilosophie hervorgingen, in seiner „Abhandlung über die menschliche Natur" (1739) und seinem „Versuch über den menschlichen Verstand" (1748) darlegte. Von allen früheren Untersuchungen haben diese auf unseren Kant den größten Einfluß geübt. Daß unter allen bisherigen Voraussetzungen der Philosophie eine wahre Erkenntniß der Dinge unerklärt, unerklärlich, unmöglich sei, hat Hume bewiesen und dadurch bewirkt, daß gründlicher und tiefer als bisher die Frage gestellt werden mußte: wie ist die Thatsache der Erkenntniß möglich? Erst der Skepticismus, dann die Kritik! Erst die großen Sophisten des Alterthums, dann Sokrates! „Ohne Berkeley kein Hume, ohne Hume kein Kant" sagte Hamann, und Kant selbst hat bestätigt, daß Hume einer seiner wichtigsten Vorgänger, wenn nicht der wichtigste war. Der erste Recensent der Vernunftkritik wußte zwischen Berkeley und Kant nicht genau zu unterscheiden. Als Kant zur Erläuterung und Vertheidigung seiner Vernunftkritik die „Prolegomena" geschrieben, erklärte er in der Vorrede: „Ich gestehe frei, die Erinnerung des David Hume war eben dasjenige, was mir vor vielen Jahren zuerst den dogmatischen Schlummer unterbrach und meinen Untersuchungen im Felde der speculativen Philosophie eine ganz andere Richtung gab".

Wenn nun so die Erfahrungsphilosophie auf dem beschriebenen Wege zum Slepticismus geführt hat, wohin trieb auf der entgegengesetzten Seite der Rationalismus? Ich will es in der Kürze sagen und die schwierigen metaphysischen Lehrgebäude, die hier errichtet wurden, im natürlichen Lichte der Vernunft so erscheinen lassen, daß ihr Thema sofort einleuchtet. Es sind drei Hauptsysteme, deren jedes von einer Grundanschauung beherrscht wird, die sich aus der Verfassung der Welt dem unbefangenen Sinn mit der Gewalt einer Naturwahrheit aufdrängt. Diese Wahrheiten sind: 1. der Gegensatz zwischen den bewußtlosen und bewußten Wesen, zwischen Geist und Materie, 2. der nothwendige und durchgängige Zusammenhang aller Dinge trotz jener Kluft, 3. die fortschreitende Stufenordnung, die in der Natur der Dinge keine Entzweiung verträgt und deren Gegensätze durch allmähliche Uebergänge vermittelt. Die erste Idee erfüllt und regulirt die Lehre Descartes', die zweite das System Spinozas, die dritte das unseres Leibniz. Dies sind gleichsam die drei Worte der naturalistisch gesinnten Metaphysik vor Kant. Es giebt kein viertes. Und wie dem natürlichen Verstande jede dieser Grundwahrheiten einleuchtet, so wird derselbe unwillkürlich bestrebt sein, alle drei zu vereinigen und nur diejenigen Schlußfolgerungen zu vermeiden, welche mit ihm und seiner Erfahrung streiten: er bejaht mit Descartes die Wesensverschiedenheit von Geist und Körper, aber ohne zu folgern, daß nun alle Körper kraftlos, alle Thiere empfindungslos sein müssen; er bejaht mit Spinoza den durchgängigen Causalzusammenhang aller Dinge, aber ohne die Geltung der Zwecke und zweckthätigen Kräfte in der Welt zu verneinen; er bejaht mit Leibniz das Stufenreich der Dinge, aber der Satz, worauf dieser seine Lehre gründete, daß alle Wesen vor= stellende Krafteinheiten (Monaden) seien, erscheint ihm paradox und erfahrungswidrig.

Man sieht, worauf die Sache hinaus will. Es wird eine solche Vereinigung der metaphysischen Systeme erstrebt, die mit der Erfahrung übereinstimmt und die Probe derselben besteht: ein Universalsystem, das alle Erkenntnißbedürfnisse befriedigt und alle Gegensätze ausgleicht, nicht blos den Widerstreit zwischen den Metaphysikern, auch den zwischen Rationalismus und Em= pirismus, zwischen Metaphysik und Erfahrung. Dieses System der geforderten eklektischen Art in breitester Deutlichkeit ausge= bildet, schulmäßig verfaßt und in einem reinlichen Deutsch litte= rarisch beurkundet zu haben, ist das unleugbare und wichtige Verdienst, das sich Christian Wolf um die Philosophie und Bildung seiner Zeit wie seines Volkes erworben hat. Er hat die Schule gegründet, woraus die deutschen Philosophieprofessoren des vorigen Jahrhunderts hervorgegangen sind, unter ihnen die ersten Lehrer Kants.

Indessen erstreckten sich die Wirkungen der wolfischen Lehre weiter als Schule und Katheder. Was ihr zu Grunde lag und den eigentlichen Werkmeister dieses so schulmäßig ausgerüsteten und ausstaffirten Systems bildete, war keineswegs philosophischer Tiefsinn, der verborgene Wahrheiten entdeckt und mit rücksichts= loser Consequenz durchführt, unbekümmert was Erfahrung und ge= wöhnliches Bewußtsein dazu sagen, sondern es war eben dieses gewöhnliche Bewußtsein mit seiner Erfahrung, der sogenannte „ge= meine Verstand oder common sense", der sich im Besitz seiner natürlichen Wahrheiten sicher fühlt und keine derselben zu Gunsten einer Consequenz, einer philosophischen Schulliebhaberei, eines künst= lichen Denksystems opfert. Nichts war daher natürlicher, als daß der eklektische Sinn, mit dem der gesunde Menschenverstand das Ruder der Philosophie ergriff, auch die Fesseln des wolfischen Systems, die der Meister mit so vieler Grandezza getragen, ab= streifte und nun als populäre Weltweisheit, als „Philosophie für die Welt", im Gegensatz zur Schule hervortrat. Das ist der

Charakter der deutschen Aufklärung in der zweiten Hälfte des vorigen Jahrhunderts, die mit Rousseau und den Schotten sympathifirte und der kritischen Epoche unmittelbar vorausging. Mit dieser populären Weisheit hat Kant stets gerechnet.

Das Ende der Erfahrungsphilosophie war Humes Stepticismus, der wider sich die schottische Schule hervorrief: die Philosophie des «common sense», welche Thomas Reid einführte (1764); das Ende des Rationalismus und der Metaphysik war der Eklekticismus, der Wolfs System machte und auflöste und die deutsche Aufklärung aus sich hervorgehen ließ, die ihrer Richtung nach mit den Schotten übereinstimmte. Diese Geistesverwandtschaft hat einer der bedeutendsten Denker und Schriftsteller unserer Aufklärung, der edle Christian Garve, durch seine Uebersetzung und Erklärung der Moralphilosophie Fergusons (1772) und des berühmten Hauptwerks von Adam Smith beurkundet. Sein „Ferguson" hat auf Schiller, noch als Zögling der herzoglichen Militärakademie, einen höchst anregenden und auf die erste Ausbildung seiner philosophischen Ideen bemerkenswerthen Einfluß geübt. Jeder Widerspruch mit dem gesunden Menschenverstande gilt den Vertretern unserer Aufklärung für ungereimt, jeder Zwiespalt zwischen Kopf und Herz für ein Zeichen der Verirrung, die Klarstellung der natürlichen Wahrheiten ist ihr Thema, die Verbreitung dieses Lichts in der Menschheit ist ihr Beruf, die Gemeinverständlichkeit und Schönheit der belehrenden Rede ihre stilistische Aufgabe. Es ist anzuerkennen, daß Männer, wie Moses Mendelssohn, seiner Zeit der berühmteste unter diesen „Weltweisen" unserer Aufklärung, daß der begabte, frühverstorbene Thomas Abbt, der nach dem Vorbilde der Franzosen und Engländer dem Geschmacke des Zeitalters gemäß die Form der Essays mit großem Erfolge auszubilden begann, daß endlich Joh. Jacob Engel, Garves Zeitgenosse und Freund, der schönwissenschaftliche Wortführer des Gemeinsinns, diesen Beruf erkannt und erfüllt haben. Gegenüber den Extremen der Philosophie, jenen Gegensätzen zwischen Dogmatismus und Stepticismus, zwischen Rationalismus und Empirismus, zwischen Idealismus und Materialismus u. s. w. verhält sich die deutsche Aufklärung, wie in Engels „Philosoph für die Welt" Herr Tobias Witt zu den drei Paaren in seiner Nachbarschaft, die ihre Sache allemal dadurch verderben, daß sie in ihrer Art zu reden und zu handeln immer nach entgegengesetzten Richtungen extravagiren. „Ich, der ich zwischen beiden Redensarten mitten inne wohnte", sagt Tobias Witt, „ich habe mir beide Redensarten gemerkt, und da spreche ich nun nach Zeit und Gelegenheit bald wie der Herr Grell und bald wie der Herr Tomm."

VII.

Kein Zweifel, daß der sogenannte gemeine Verstand mit seinen natürlichen Wahrheiten thatsächlich gilt und allen Systemen und Zweifeln der Philosophen zum Trotz die Welt beherrscht. Das volle Gewicht und die Anerkennung dieser Thatsache kann nicht mehr fraglich sein; wohl aber ist die Frage, von deren Entscheidung der Fortgang der Philosophie abhängt: ob mit der Anerkennung des gemeinen Verstandes die Begründung desselben ausgeschlossen oder nicht vielmehr gefordert ist? Ob unser gewöhnliches Bewußtsein das letzte aller Fundamente oder nicht vielmehr das erste aller Probleme der Philosophie sein soll? Die Männer der schottischen Schule wie der deutschen Aufklärung nahmen den «common sense» zum Fundament und erklärten seine Wahrheiten für die Grundthatsachen und die Richtschnur alles Philosophirens; sie wollten bis zu dem Punkte zurückkehren, der im Ursprung der neuen Philosophie dem Zwiespalt zwischen Empirismus und Rationalismus vorausging. Ein solcher Rückgang der Dinge ist überall unmöglich und erscheint, wo er angestrebt wird, als ein erkünstelter und verfehlter Versuch. Der nächste Fortschritt der Philosophie fordert, daß der gemeine Verstand mit seinen sogenannten natürlichen Einsichten, dieser Voraussetzung aller dogmatischen Erkenntniß, aufhört als die Grundlage der Philosophie zu gelten und zum ersten ihrer Probleme, zum Gegenstand ihrer Erforschung gemacht wird.

Dies geschieht durch Kant. Wie ist die Thatsache unseres gemeinen oder natürlichen Bewußtseins möglich? Aus dieser Grundthatsache der dogmatischen Philosophie wird die **Grundfrage der kritischen**. Einfacher und dem geistigen Entwicklungsgesetz gemäßer läßt sich dieser Fortschritt nicht fassen. Die dogmatische Philosophie mit allen von ihr ausgeprägten Gegensätzen und die eklektisch gerichtete Aufklärung mit allen von ihr angestrebten Ausgleichungen bezeichnen auf das deutlichste die Aufgabe der Vernunftkritik und die Richtschnur ihrer Untersuchung. Die Erkenntnißsysteme, unabhängig von und im Widerstreit mit der Erfahrung, sind gescheitert; die Erkenntniß der Dinge in vollem Einklang mit der Erfahrung ist das geforderte Ziel, das zu lösende Problem, die zu erklärende Sache. Wenn in der Organisation unserer Vernunft die Bedingungen entdeckt und nachgewiesen werden, welche die Erfahrung in ihrer allgemeinen, wissenschaftlichen Geltung erzeugen und eine andere Art der Erkenntniß hervorzubringen nicht im Stande sind, so ist das Ziel erreicht, welches Kant vor sich sah.

Dieses ist nun das durchgängige Thema der Vernunftkritik, es liegt in der Frage: wie und unter welchen Bedingungen ist erfahrungsmäßige Erkenntniß, Erfahrung als Wissenschaft, methodisch geordnete Erfahrung möglich? Und da alle Erfahrung in der Verknüpfung unserer Wahrnehmungsobjecte oder Erscheinungen besteht, so zerlegt sich das Thema der Vernunftkritik in drei Hauptprobleme: 1) wie entstehen aus den Empfindungen Erscheinungen? 2) wie entsteht aus den Erscheinungen Erfahrung? 3) wie entsteht aus den Erfahrungswahrheiten Wissenschaft oder eine methodisch geordnete Erkenntniß der Erscheinungswelt, die unaufhörlich fortschreitet, ihren Umfang erweitert und nach der Einheit eines Ganzen strebt, so wenig sie je die Vollendung des fertigen Ganzen erreicht?

Diese Entstehung ist jedesmal eine Erzeugung oder Vernunftleistung, die im ersten Fall durch das anschauende, im zweiten durch das denkende, im dritten durch das zielsetzende Vermögen bewirkt wird. Offenbar verhalten sich diese Kräfte und Leistungen so zu einander, daß sie gemeinsam und stufenmäßig die erfahrungsmäßige Erkenntniß hervorbringen: die anschauende Vernunft (Zeit und Raum) verwandelt unsere Eindrücke in Erscheinungen und liefert so das Material, welches der Verstand kraft seiner verknüpfenden

Begriffe in Erfahrungswahrheiten verwandelt, welche letztere wiederum das Material bieten, welches die ordnende und eine vollkommene Einheit anstrebende Vernunft in Wissenschaft verwandelt oder systematisch verarbeitet. Es ist hier nicht der Ort, die Auflösung jener drei Fragen, unter denen die zweite die schwierigste war, eingehend zu erörtern, aber wir sehen deutlich genug in dem Gesammtergebniß der Vernunftkritik die Idee der Vernunftentwicklung vor uns: die von dem Erkenntnißbedürfniß getriebene Entfaltung und Steigerung unserer Erkenntnißvermögen.

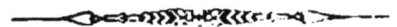

Johann Gottlieb Fichtes
Leben und Lehre.

I.

Johann Gottlieb Fichte, epochemachender Philosoph des nachkantischen Zeitalters, wurde als das erste Kind einer armen Leinweberfamilie in Rammenau, einem Dorfe der Oberlausitz in Sachsen, den 19. Mai 1762 geboren. Er lernte lesen und schreiben, half am Webstuhle des Vaters und hütete die Gänse im Dorfe; die Predigten des Pfarrers Wagner machten ihm einen solchen tiefen Eindruck, daß er sie auswendig behielt; dieser Umstand erweckte die Aufmerksamkeit eines benachbarten und begüterten Edelmanns, des Freiherrn von Miltitz, der sich des Knaben annahm und ihn von dem Pfarrer Krebel in Niederau für den höheren Schulunterricht vorbereiten ließ; er wurde zuerst nach Meißen, dann nach Schulpforta geschickt, woselbst er sechs Jahre blieb (October 1774 bis 1780). Leider starb sein Wohlthäter zu früh, um noch weiter für ihn zu sorgen.

Im Herbste 1780 bezog Fichte die Universität Jena, um Theologie zu studiren; aber zu arm, um seinen Studiengang ohne Unterbrechung fortsetzen und vollenden zu können, mußte er seinen Lebensunterhalt durch Privatunterricht verdienen, den er in den Jahren von 1784-1787 in verschiedenen sächsischen Orten ertheilt hat. Seine Bitte um Unterstützung, damit er weiter studiren und die Prüfung ablegen könne, wurde von dem Oberconsistorium abgeschlagen. Es war in seinem Leben die hoffnungsloseste Zeit. Von Hause erhielt er nichts als mütterliche Vorwürfe, von keiner Seite sah er Hülfe. Da trug ihm der Dichter Christian Felix Weiße eine Hauslehrerstelle in Zürich an (den 18. Mai 1788), die er mit Freuden ergriff.

Vom 1. September 1788 bis Ostern 1790 unterrichtete er hier im Gasthofe zum Schwert die beiden Kinder des Gasthofsbesitzers Ott; er übte seine pädagogischen Pflichten auch den Eltern gegenüber mit einer solchen censorischen Strenge aus, daß sein Verhältniß in diesem Hause nicht auf die Dauer Stand hielt und Ostern 1790 gelöst wurde. Während dieser Zeit machte er Lavaters Bekanntschaft und durch ihn die des Kaufmanns Rahn, der Klopstocks begeisterter Verehrer und Schwager war. Mit der Tochter dieses Mannes (Johanna Maria) war Fichte verlobt, als er Zürich verließ und ohne Aussicht und Beruf nach Leipzig zurückkehrte.

Den inneren Beruf und seine Lebensaufgabe findet er hier, als er, um einem Studenten den erbetenen Unterricht in der kantischen Philosophie zu ertheilen, selbst genöthigt ist, die Werke Kants zu studiren. Dieses Studium erfüllt ihn ganz. „Von einem Tage zum andern verlegen um Brod, war ich damals vielleicht einer der glücklichsten Menschen auf dem weiten Rund der Erde." Indessen muß er seinen Lebensunterhalt wieder als Hauslehrer verdienen und geht zu diesem Zwecke nach Warschau, wo ihm im Hause des Grafen Plater eine solche Stelle angeboten worden. Es war eine kurze Episode, die nur 18 Tage dauerte. In Folge von Mißhelligkeiten mit der Gräfin, die von dem Hauslehrer größere Unterwürfigkeit und besseres Französisch erwartete, verließ er Warschau den 25. Juni 1791, nachdem er kurz vorher am Fronleichnamstage in der evangelischen Kirche über die Einsetzung des Abendmahls geprebigt.

Das nächste Ziel seiner Reise war Königsberg, um Kant persönlich kennen zu lernen. Die ersten Eindrücke, die er bei seinem Besuche (den 4. Juli 1791) und bald darauf im Auditorium empfing, haben ihn wenig befriedigt. Er wünscht das Interesse des großen Denkers durch eine Leistung zu gewinnen, und da alle Welt in dieser Zeit die Religionslehre Kants erwartet und dieser selbst die Frage, wie sich der Vernunftglaube zur Offenbarung verhalte, noch nicht berührt hat, so schreibt Fichte während seines königsberger Aufenthaltes über dieses Thema ein Werk, welches er dem Meister in der Handschrift übersendet (den 18. August 1791). Jetzt wird er von diesem „mit ausgezeichneter Güte" aufgenommen; Kant sorgt dafür, daß er eine neue Hauslehrerstelle und für seine

Schrift einen Verleger erhält. Auf diese Weise wird ihm zugleich die ökonomische Hülfe verschafft, deren er damals in dringendster Weise bedurfte, denn er hatte sein Weniges verbraucht. Bei Hartung in Riga, Ostern 1792, erscheint seine Schrift unter dem Titel: „Versuch einer Kritik aller Offenbarung". Durch Zufall ist sein Name im Druck nicht genannt, man hält Kant für den Autor. Die jenasche Litteraturzeitung sagt in ihrer Beurtheilung: „Der erhabene Verfasser dieses Werkes sei unverkennbar". Diese Meinung verbreitet sich in der litterarischen Welt, bis Kant den 3. Juli 1792 eine öffentliche Gegenerklärung giebt und den wirklichen Verfasser nennt. Von jetzt an ist der Name Fichtes bekannt, ja berühmt. „Mich hebt bei meinen ersten Schritten", schrieb er damals an seine Braut, „ein unglaublicher Zufall." Die neue Hauslehrerstelle bei dem Grafen Krockow zu Krockow in der Nähe von Danzig war die angenehmste, die er finden konnte, denn in dem gräflichen Schlosse war die Verehrung Kants einheimisch. Hier blieb er bis zum Frühjahr 1793.

Als ein bekannter philosophischer Schriftsteller kehrte er im Juni dieses Jahres nach der Schweiz zurück, um seine Braut heimzuführen. Die Ehe wird den 22. October 1793 geschlossen. Von den damaligen in der Schweiz gemachten Bekanntschaften sind vor allem zu nennen der dänische Dichter Baggesen und ganz besonders Pestalozzi in Richterswyl am Züricher See, der Reformator der Volkserziehung. In dieser Zeit schreibt Fichte seine „Beiträge zur Berichtigung der Urtheile des Publicums über die französische Revolution", deren erstes Heft schon in Danzig begonnen wurde, und die Rede „Zurückforderung der Denkfreiheit von den Fürsten Europas, die sie bisher unterdrückten" (1793). Auch hat die Aufgabe einer neuen Begründung der kantischen Philosophie aus einem einzigen Princip schon angefangen ihn zu beschäftigen; er hält im Winter von 1793 zu 1794 darüber Vorträge in Zürich, unter deren Zuhörern sich auch Lavater befand. Jetzt war sein Beruf entschieden. Noch hatte er kein Amt, er wünschte kein anderes als ein Lehramt der Philosophie. Gegen Ende des Jahres 1793 erfüllt sich dieser Wunsch durch eine Berufung nach Jena, wo er Reinhold, der Ostern 1794 nach Kiel geht, ersetzen soll.

Den 23. Mai 1794 beginnt hier Fichte seine Lehrthätigkeit mit einer öffentlichen Vorlesung über Moral für Gelehrte; das Thema seiner Privatvorlesungen war die Wissenschaftslehre. Man hatte ihn mit großer Spannung erwartet, noch größer war seine Wirkung. „An Fichte wird geglaubt, wie nie an Reinhold geglaubt worden ist", schreibt Forberg, ein Schüler des letzteren, in sein Tagebuch. Die fünf Jahre in Jena (1794—1799) sind der wichtigste Abschnitt in Fichtes philosophischer Entwicklung. Mit seiner Bedeutung und Wirkung verbinden und steigern sich die Conflicte. Der erste derselben erhebt sich schon in dem zweiten Semester. Um in seinen öffentlichen Vorlesungen über Moral jede Collision mit andern akademischen Vorlesungen zu vermeiden, hatte Fichte eine Sonntagvormittagsstunde gewählt und dadurch Beschwerden und Anklagen von Seite der kirchlichen Landesbehörde hervorgerufen, in Folge deren ein herzogliches Rescript die Fortsetzung jener Vorträge „einstweilen" untersagte. Die wichtigsten Stimmen des Senats erklären sich für Fichte und der Herzog Karl August, nachdem er die Vorträge selbst eingesehen und ihren Nutzen „vorzüglich" gefunden, gestattet deren Fortführung in einer Nachmittagsstunde nach geendigtem Gottesdienst. So war die Sache für den Philosophen entschieden, und er konnte den 3. Februar 1795 seine Vorträge wieder aufnehmen.

Aber schon war ein zweiter Feldzug im Gange, wobei Fichte zwar den moralischen Sieg behielt, aber für einige Zeit das Feld räumen mußte, denn gegen ihn tobten wilde und aufgeregte Studentenmassen. Das wüste, abgesonderte und allen höheren geistigen Lebenszwecken abgeneigte Studententhum hatte sich in den sogenannten Orden förmlich organisirt und blühte in Jena, wo es drei solcher Orden gab, die Consentanisten, Unitisten und schwarzen Brüder. In seinen öffentlichen Vorlesungen über die Bestimmung des Gelehrten hatte Fichte diesen unwürdigen Charakter des deutschen Studentenlebens getroffen und erschüttert. Eines Tages erschienen bei ihm die Vertreter der Orden und erklärten, daß sie ihre Verbindungen auflösen, in seine Hand den Entsagungseid leisten und ihm die Ordensbücher ausliefern wollten. Für Fichte durfte die ganze Angelegenheit keine amtliche und geschäftliche, sondern nur eine moralische Be-

beutung haben; ihm konnte nichts daran liegen, auf welche Art die
Studenten den alten Adam auszogen, wenn sie nur den neuen an=
nahmen; doch hatte er die Unklugheit, sich auf das Geschäft einzu=
lassen und es in officielle Verhandlungen hinüberzuleiten, welche die
akademischen Behörden und die Regierung selbst ins Spiel brachten,
und wobei er die Rolle einer Zwischenperson übernahm, während
er doch zu nichts weniger taugte, als zum diplomatischen Vermittler.
Die Sache wurde verschleppt und die Studenten gegen Fichten miß=
trauisch und argwöhnisch gemacht, als ob dieser grundehrliche Mann
sie getäuscht und verrathen habe; jetzt kam die Rache des Edlen,
man störte seine Vorlesungen, überfiel in der Neujahrsnacht (1795)
sein Haus, beleidigte seine Frau und gefährdete seine Sicherheit,
ohne daß ihm genügender Schutz zu Theil wurde. Er war wirklich
genöthigt, sich für einige Zeit von Jena zu entfernen, und blieb
den Sommer 1795 im Dorfe Osmannstedt bei Weimar. Gegen
die Orden bildete sich aus seinen Anhängern eine „Gesellschaft
freier Männer", die der Anfang einer zeitgemäßen Reform des
deutschen Studentenlebens war.

Nach drei ruhigen Jahren, in denen Fichtes Wirksamkeit ihren
Höhepunkt erreichte, brach ein dritter Conflict aus, der durch sein Ob=
ject wie seinen Umfang die größte Bedeutung gewann und eine cause
célèbre der Philosophie wurde. Es ist der berühmte „Atheismus=
streit" der Jahre 1798 und 1799. Die Veranlassung kam durch
zwei Aufsätze im „Philosophischen Journal", welches Fichte mit Niet=
hammer seit 1795 herausgab. Hier hatte Forberg einen Aufsatz
„Entwicklung des Begriffs der Religion" veröffentlicht, worin er
aus kantischen Grundsätzen nachzuweisen suchte, daß die Religion
mit der sittlichen Ueberzeugung und dem guten Lebenswandel zu=
sammenfalle und keine besondere Geltung für sich in Anspruch nehmen
könne. Fichte stimmte mit dieser Ansicht keineswegs überein und
gab die seinige als Berichtigung in dem gleichzeitig veröffentlichten
Aufsatze: „Ueber den Grund unseres Glaubens an eine göttliche
Weltregierung" (1798).

Bald erschien das anonyme „Sendschreiben eines Vaters an
seinen studirenden Sohn über den Fichteschen und Forbergschen
Atheismus", dessen nichtswürdiger Verfasser nie entdeckt worden ist
(wahrscheinlich war es der Mediciner Gruner in Jena). Die

Denunciation hatte den gewünschten Erfolg. Die kursächsische Regierung confiscirte das Philosophische Journal und verbot es in Zukunft, sie erließ ein zweites Schreiben an die Erhalter der Universität Jena, worin sie die Bestrafung der Herausgeber des Journals forderte und mit dem Verbot der Universität Jena drohte. Das Confiscationsedict ist vom 19. November, das Requisitionsschreiben vom 18. December 1798.

Gegen die Confiscation richtete Fichte seine „Appellation an das Publicum wegen der Anklage des Atheismus, eine Schrift, die man zu lesen bittet, ehe man sie confiscirt"; gegen die Requisition richtete er seine „Gerichtliche Verantwortungsschrift gegen die Anklage des Atheismus". Die erste Schrift wurde dem Herzog den 19. Januar, die zweite den 18. März 1799 mitgetheilt. In Weimar hatte man die besten Absichten. Man wollte die Universität gegen ein Verbot und zugleich die Lehrfreiheit der Professoren schützen, der ganze Handel sollte mit einer verweisenden Maßregel ohne jeden Eingriff in die Lehrfreiheit beigelegt und still aus der Welt geschafft werden. Daß Fichte die Sache an die große Glocke schlug, war ihm ebensowenig zu verdenken, als der weimarischen Regierung, daß sie es ungern sah, da sie ihre Absichten auf diese Weise erschwert fand. Ueber diese Stimmungen in Weimar läßt ein Brief Schillers an Fichte (26. Januar 1799) keinen Zweifel.

Nun aber erschwerte Fichte nicht blos, sondern kreuzte die Absichten der weimarischen Regierung durch ein völlig unzeitiges und unmotivirtes Schreiben, das er den 22. März 1799 an den Curator der Universität richtete. Er habe gehört, daß man ihm einen Verweis zudenke, den er anzunehmen unter keinen Umständen gesonnen sei, er drohte mit der Abgebung seiner Dimission, der Veröffentlichung dieses seines Schreibens, dem Weggange der bedeutendsten Docenten von Jena. Eine solche Drohung wollte die Regierung nicht hinnehmen, auch Goethe votirte im Staatsrath gegen Fichte. Unter dem 29. März 1799 wurde den Herausgebern des Journals ein Verweis und in einem Postscriptum dem Professor Fichte die geforderte Dimission ertheilt. Ein zweiter Brief Fichtes, der fast einem Widerruf gleichkam, vermochte diese Entscheidung nicht zu ändern, ebensowenig wiederholte Bittschriften der Studirenden. Selbst der Aufenthalt in Rudolstadt wurde, wie es scheint auf Wunsch der weimarischen Regierung, dem Philosophen Fichte nicht gewährt; dagegen wurde ihm der Aufenthalt in der Hauptstadt Preußens gestattet.

Die Begründung und Ausführung der Wissenschaftslehre fällt in die jenaische Periode (1794—1799). Das Programm gab Fichte in der Schrift „Ueber den Begriff der Wissenschaftslehre" (1794). Während seiner ersten Vorlesung ließ er die „Grundlage der gesammten Wissenschaftslehre als Handschrift für seine Zuhörer" (1794) drucken; in Osmannstedt schrieb er den „Grundriß des Eigenthümlichen der Wissenschaftslehre in Rücksicht auf das theoretische Vermögen als Handschrift für seine Zuhörer" (1795), „Die Grundlage des Naturrechts nach Principien der Wissenschaftslehre" erschien 1796, „Das System der Sittenlehre nach den Principien der Wissenschaftslehre" 1798. Die Anfänge seiner Religionslehre sind schon genannt. Die beiden Einleitungen in die Wissenschaftslehre, die er im Philosophischen Journal 1797 gab, sind Meisterstücke didaktischer Klarheit und Kunst.

II.

Den 3. Juli 1799 kam Fichte nach Berlin, wo er sich der vertrauten Freundschaft mit Friedrich Schlegel und des Umganges mit Schleiermacher erfreute. Jeden Zweifel, ob er in Berlin bleiben dürfe, entfernte ein königliches Wort Friedrich Wilhelms III. Die ersten hier verfaßten Schriften sind theils der folgerichtigen Fortbildung seiner Rechtslehre, theils der Verdeutlichung seines Standpunkts überhaupt gewidmet: in der ersten Absicht entsteht die merkwürdige Schrift „Der geschlossene Handelsstaat, ein philosophischer Entwurf als Anhang zur Rechtslehre und Probe einer künftig zu liefernden Politik" (1800), in der zweiten schrieb er „Die Bestimmung des Menschen" (1800) und „Sonnenklarer Bericht an das größere Publicum über das eigentliche Wesen der neuesten Philosophie", mit dem charakteristischen Zusatz: „Ein Versuch, die Leser zum Verstehen zu zwingen" (1801). Die Wissenschaftslehre verhalte sich zu unserem gewöhnlichen und thatsächlichen Bewußtsein wie die Demonstration eines Uhrwerks zum Uhrwerke selbst, die Demonstration ändere nichts im Gange der Uhr, sondern erkläre denselben. Dies hätten die platten Gegner seiner Lehre, die Leute des gemeinen Menschenverstandes, niemals gefaßt, da es ihnen genug sei, die Uhr in der Tasche zu haben. Unter diesen Gegnern war Friedrich Nicolai der selbstzufriedenste, der gegenüber der Wissenschaftslehre immer auf die Westentasche schlug, wo die Repetiruhr steckte. Fichte würdigte ihn in einer ebenso treffenden als groben Satire: „Fr. Nicolais Leben und sonderbare Meinungen" (1801).

Das Thema, das Fichten am tiefsten bewegte, war von jetzt an die Religion. Was er in Jena, veranlaßt durch den Atheismusstreit, begonnen hatte, wollte er in der „Bestimmung des Menschen" weiter geführt haben. Sein Beruf war, öffentlich zu lehren. Er entbehrte schmerzlich den akademischen Lehrstuhl, Berlin hatte noch keine Universität, eine Restitution in Jena hoffte er vergebens, er dachte an Heidelberg, die Berufung an die russische Universität Charkow zerschlug sich. Durch Altensteins Einfluß erhielt er eine eigenthümliche Stellung an der damals preußischen Universität Erlangen, er sollte hier während des Sommers lesen und im Winter Vorlesungen in Berlin halten. Nur ein Semester hat er in Erlangen „Ueber das Wesen des Gelehrten" eine öffentliche Vorlesung gehalten (Sommer 1805).

Bei Fichte steht alles im Zusammenhang. Die erlanger Vorlesung bildet ein Glied in einer planmäßig gegliederten Gruppe von Vorträgen, die sich in ein Thema theilen: es handelt sich um die Aufgabe der Menschheit und deren Lösung im religiösen Leben, dessen umfassende Geltung ein Zeitalter „vollendeter Rechtfertigung" ausmacht. Das Ziel will mit Bewußtsein erkannt und erstrebt werden, in ihm gipfelt die Entwicklung des Geistes. Die Entwicklungsstufen, im Großen gedacht, sind die Zeitalter, das Ziel ist die Religion; der planmäßige Weg, die richtig geleitete Entwicklung ist die Erziehung, die universelle, die von einem Volke ausgehen muß (Nationalerziehung) und von keinem andern ausgehen kann, als dem deutschen. In dieser Erziehung liegt die tiefste Aufgabe des Gelehrten.

Jetzt entfaltet sich die Wissenschaftslehre zur Geschichtslehre, Religionslehre, Erziehungslehre; Fichtes Vorträge gliedern sich daher zu einer Tetralogie: 1) „Die Grundzüge des gegenwärtigen Zeitalters", 2) „Ueber das Wesen des Gelehrten", 3) „Die Anweisungen zum seligen Leben oder auch die Religionslehre", 4) „Reden an die deutsche Nation". Sie fallen in die Jahre von 1804—1808 und werden, mit Ausnahme der erlanger Vorlesung, sämmtlich in Berlin gehalten: die erste im Winter 1804/5, die zweite im Sommer 1805, die dritte im Jahre 1806, die letzte und berühmteste im Winter 1807/8. Die Reden an die deutsche Nation sind von den vorhergehenden Vorträgen durch eine weltgeschichtliche Epoche geschieden, obwohl sie in den Plan der Gruppe gehören und „Die Grundzüge" fortsetzen. In diesem Fall machte die Kluft zugleich den Uebergang.

Das römische Reich deutscher Nation war in den Abgrund gesunken, Preußen lag zu den Füßen des Eroberers; in der kurzen Spanne eines Jahres hatte das deutsche Volk alle Stufen der Erniedrigung durchlaufen, von der Gründung des Rheinbundes bis zum Frieden von Tilsit. Die Schmach war verdient, die Fremdherrschaft war nicht wie ein Fatum über Deutschland gekommen, sondern als die Folge seiner eigenen tiefverschuldeten Schwäche; die Schuld lag in der vaterlandslosen Gesinnung, in dem Mangel an jedem großen Gemeinsinn, in der maßlosen Geltung particularistischer und egoistischer Interessen, die das ganze öffentliche Leben in Fäulniß verwandelt hatten und die förmliche Signatur des Zeitalters ausmachten. Die Selbstsucht war auf den Gipfel gestiegen, nicht in diesem oder jenem, sondern in allen; sie war das Grundübel der Zeit, darum hatte Fichte in den „Grundzügen" die Gegenwart geschildert als „das Zeitalter der vollendeten Sündhaftigkeit", in welchem das Vernunftgesetz, welches die Gattungszwecke fordert, nicht mehr aus Instinct, nicht mehr aus Autorität, noch nicht aus Einsicht, sondern gar nicht gilt. Diesem Zeitalter war das Vaterland innerlich abhanden gekommen; es war nothwendig und gerecht, daß es ihm auch äußerlich zu Grunde ging.

Die Charakterzüge des gegenwärtigen Zeitalters hatte Fichte geschildert vor der Schlacht bei Austerlitz und dem Frieden von Preßburg, die Reden an die deutsche Nation hielt er nach der Schlacht bei Jena und dem Frieden von Tilsit. Eben darin besteht zwischen beiden sowohl die Kluft als der Uebergang. Wie ein Prophet hatte er aus den Grundzügen der Gegenwart den Untergang geweissagt. Als sich erfüllt hatte, was er vorausgesehen, empfand er das Unglück des Vaterlandes mit dem tiefsten Schmerz, zugleich mit dem männlichsten, der sich die Schuld klar macht. Die Einsicht in die Ursachen des Uebels ist die erste Bedingung der Abhülfe und Besserung; diese Einsicht war unmöglich, so lange man in der Verblendung der Selbstsucht lebte, jetzt sind die Augen geöffnet, da man die Folgen vor sich sieht in dem ungeheuren Verlust. Das deutsche Volk ist gefallen nur durch seine eigene Schuld; nur durch seine eigene Kraft kann es sich wieder erheben. Das Thema der Grundzüge war die Schuld, das Thema der Reden an die deutsche Nation ist die Erhebung. Deshalb bezeichnet er die „Reden" als die Fortsetzung der „Grundzüge". In den letzteren hatte Fichte fünf Zeitalter unterschieden nach der Art und Weise, wie sich das menschliche Bewußtsein zu der Vernunft und den sittlichen Vernunftzwecken verhält: in dem ersten herrsche die Vernunft aus Instinct, im zweiten aus Autorität, im dritten gar nicht, vielmehr statt ihrer die Selbstsucht, im vierten gelte die Vernunft aus Einsicht, im letzten durchdringe und gestalte sie das menschliche Leben wie ein Kunstwerk. Daher hatte er diese Entwicklungsstufen bezeichnet als das Zeitalter des Vernunftinstincts, der Vernunftautorität, der leeren (weil blos individuellen) Freiheit, der Vernunftwissenschaft, der Vernunftkunst. Oder in religiöser Fassung: das Zeitalter der Unschuld, der beginnenden Sündhaftigkeit, der vollendeten Sündhaftigkeit, der anhebenden Rechtfertigung, der vollendeten Rechtfertigung. Von dem dritten Zeitalter handeln „die Grundzüge", von dem letzten „die Anweisungen zum seligen Leben", von dem vierten „die Reden an die deutsche Nation".

III.

Nach der Schlacht bei Jena, als das feindliche Heer herannaht, verläßt Fichte Berlin (den 18. Oct. 1806) und geht nach Königsberg, wo er eine provisorische Professur erhält und im Winter 1806/7 über die Wissenschaftslehre liest. Es war eine Winterprofessur, wie zwei Jahre vorher seine Lehrstelle in Erlangen

eine Sommerprofeſſur geweſen. Während des Sommers 1807 hält
er keine Vorleſungen, ſondern ſtudirt Peſtalozzis Schriften und erkennt darin „das wahre Heilmittel für die kranke Menſchheit",
ſowie auch das einzige Mittel, dieſelbe zum Verſtehen der Wiſſen-
ſchaftslehre tauglich zu machen. Den 13. Juni 1807, am Tage
vor der Schlacht von Friedland, verläßt er Königsberg und geht
nach einem kurzen Aufenthalt in Memel nach Kopenhagen, wo er
den 9. Juli eintrifft und den Friedensſchluß abwartet. „Gottes
Wege", ſchrieb er damals an ſeine Frau, „waren nicht die unſeren,
ich glaubte, die deutſche Nation müſſe erhalten werden, aber ſiehe,
ſie iſt ausgelöſcht". Ende Auguſt 1807 kehrte er nach Berlin
zurück, und jetzt hält er die Reden an die deutſche Nation, deren
Plan und Thema ihm die Zeit und das Studium Peſtalozzis
eingab.

Die Epoche der Wiedergeburt Preußens begann. Der König
war mit allen Patrioten von der Ueberzeugung durchdrungen, daß
der Staat durch geiſtige Kräfte erſetzen müſſe, was er an phyſiſchen
verloren. Die Antwort gab er jener Deputation halleſcher Pro-
feſſoren, die im Sommer 1807 nach Memel gekommen war, um
den König zu bitten, er möge die Univerſität Halle nach Berlin
verlegen. Die Gründung einer neuen und zeitgemäßen Univerſität
in der Hauptſtadt Preußens wurde beſchloſſen. Auch Fichtes Rath
und Gutachten wurde verlangt, er gab beides in ausführlichſter
Weiſe in ſeinem „Deducirten Plan einer zu Berlin zu errichtenden
höheren Lehranſtalt", einer Denkſchrift, die er 1807 verfaßt hatte,
und die zehn Jahre ſpäter erſchien. Sein Univerſitätsplan hängt
genau mit den Ideen zuſammen, die er in ſeinen Reden an die
Nation öffentlich ausſprach; er faßte die Univerſität als den Gipfel
der Nationalerziehung, er wollte ſie durchgängig nicht blos als
Lehranſtalt, ſondern als eine Erziehungsanſtalt organiſirt wiſſen,
womit der bisherige Charakter der Univerſitäten völlig aufgegeben
und der akademiſchen Freiheit ein Gängelband angelegt wurde.
Wilhelm von Humboldt war entgegengeſetzter Anſicht, und Fichte
blieb mit ſeinem Plan iſolirt; die Univerſität ſollte eine freie Lehranſtalt ſein. Auch Johannes von Müller ſchrieb in dieſem Sinn
an Fichte: „Das Nationalerziehungsweſen wird inſtituirt, die Uni-

versität macht sich. Für diese ist es genug, daß jede Wissenschaft vom besten Professor vorgetragen werde."

Im Jahre 1810 trat die Universität Berlin ins Leben. Den ersten Rector ernannte der König, die folgenden sollten gewählt werden. Der erste gewählte Rector war Fichte (1811/12). Er gerieth bald mit der Mehrzahl seiner Amtsgenossen über die Frage der Studentendisciplin in einen erbitterten Streit, er wollte seinen pädagogischen Grundsätzen gemäß den Mißbrauch der akademischen Freiheit unterdrücken, das Unwesen der Landsmannschaften, der Zweikämpfe 2c. ausgetilgt wissen. Unter seinen Gegnern war Schleiermacher, der jeden zu strengen Zwang scheute. Da Fichte sich in der Minderheit sah, forderte er wiederholt seine Entlassung als Rector (den 14. und 22. Februar 1812), das Gesuch wurde angenommen, der Minister Schuckmann hatte es dem Staatskanzler gerathen und dabei insinuirt, „daß Fichte wegen seiner Reden an die deutsche Nation ohnehin bei den französischen Behörden übel notirt sei" (den 11. April 1812). Die Ironie des Schicksals wollte, daß noch in demselben Jahre mit dem russischen Feldzug Napoleons Stern sich zum Untergang neigte. Die neue Saat in Deutschland trug ihre Früchte in den glorreichen Tagen vom Ende 1812 bis zum Ende 1813. Die Erhebung beginnt mit Yorks Abfall und vollendet sich mit Blüchers Uebergang über den Rhein. Dieses Jahr, das in den Siegen an der Katzbach, bei Kulm, Großbeeren, Dennewitz, Leipzig die deutsche Sache gerettet und Fichtes prophetische Worte in den Reden an die deutsche Nation erfüllt hat, war das letzte, das er vollenden sollte.

Er hatte vergeblich gewünscht, als Feldprediger mit in den Kampf zu gehen, er mußte in Berlin zurückbleiben und trat unter die Waffen des Landsturms. Während des Sommers 1813 las er „Ueber den Begriff des wahren Krieges"; gegen die Begeisterung der Eroberungssucht, die in Napoleon verkörpert sei, müsse sich die höhere Begeisterung der Freiheit und nationalen Unabhängigkeit in dem deutschen Volke erheben zu einem Kampf auf Leben und Tod. Die Siege von Großbeeren und Dennewitz hatten Berlin vor dem Einbruch des feindlichen Heeres geschützt und seine Militärhospitäler mit Verwundeten und Kranken überfüllt. Fichtes Frau war unter den muthigsten und unermüdlichsten Pflegerinnen eine der ersten; den 3. Januar 1814 wird sie vom Lazarethfieber ergriffen, und die Aerzte verzweifeln an ihrer Rettung. Ueberzeugt, sie nicht mehr zu finden, nimmt Fichte Abschied von der Kranken und beginnt seine Vorlesungen; als er zurückkehrt, ist eine wohlthätige Krisis eingetreten und die Frau gerettet. Jetzt ergreift die Krankheit ihn selbst und verzehrt schnell seine Kräfte. Er stirbt den 27. Januar 1814.

IV.

Man hat häufig geglaubt, daß in der Berliner Periode die Wissenschaftslehre eine völlige Umgestaltung erfahren habe und demgemäß Fichtes Philosophie in zwei grundverschiedene Systeme zerfalle, ein früheres und späteres. Diese Ansicht ist falsch und sachunkundig. Er selbst hat ihr sehr nachdrücklich widersprochen. In Wahrheit findet von Anfang bis zu Ende (1794—1814) eine ununterbrochene Entwicklung statt, die wohl Veränderungen, aber keinen Abbruch einschließt. Was Fichte in Jena gegründet und aufgebaut, hat er nie zerstört: die Entwicklungslehre des Geistes oder des Bewußtseins. Nur die Fundamente wurden tiefer gelegt: das theoretische Ich wird auf das praktische, dieses auf das religiöse gegründet; das theoretische Ich ist weltanschauend und in diesem Sinne weltbildend, es reproducirt mit Bewußtsein, was ohne Bewußtsein producirt worden. Darin besteht alles Erkennen. Das religiöse Ich erkennt sich als Glied einer sittlichen Weltordnung, die unabhängig von seinem Willen und seinen Willenserfolgen besteht und in sich gegründet ist, es erkennt sich als Organ oder „Bild Gottes" und Gott als das allein wahrhaft wirkliche Sein. Von hier aus das ganze System in einem Guß darzustellen, hat Fichte beabsichtigt, aber nicht geleistet. Wir lassen hier die Möglichkeit dieser Leistung dahingestellt; versucht hat er diese so veränderte Darstellung der Wissenschaftslehre schon im Jahre 1797, dann 1801, 1804 und in seinen Vorlesungen aus den Jahren 1810—1813. Nur eine dieser Darstellungen hat er selbst herausgegeben: „Die Wissenschaftslehre in ihrem allgemeinen Umriß" (1810).

Aus seinem Nachlaß erschienen gesondert: „Der Universitätsplan" (1817), „Die Vorlesungen über die Thatsachen des Bewußtseins aus dem Winter 1810/11" (1817) und „Die Staatslehre oder über das Verhältniß des Urstaates zum Vernunftreiche" aus dem Sommer 1813 (1820), den zweiten Abschnitt derselben bildet „Der Begriff des wahren Krieges". Diese Vorlesung hängt mit den „Grundzügen" und den „Reden" genau zusammen, sie will jenen Widerstreit der Rechtslehre lösen, nach welchem das Freiheitsgesetz als Zwangsgesetz herrscht, der Zwang widerspreche der Freiheit, es müsse daher ein Mittel geben, den Zwang durch Beseitigung der strafwürdigen Motive entbehrlich zu machen, dieses Mittel bestehe allein in der Erziehung. Wie einst Lessing diesen Begriff angewendet hatte auf die geoffenbarte Religion, so wendet ihn Fichte an auf die ganze Entwicklung der Menschheit, insbesondere auf den Staat. Zwanzig Jahre nach seinem Tode erschien sein Nachlaß in drei Bänden, herausgegeben von dem Sohn Imm. Herm. Fichte (Bonn 1834). Eine Gesammtausgabe in drei Abtheilungen und acht Bänden (zu denen der eben erwähnte Nachlaß hinzukommt) erschien in einer wenig kritischen Ordnung von derselben Hand (Berlin 1845—1846).

V.

Aufgabe und Thema der Fichteschen Lehre erhellen aus der kantischen. Was Kant, indem er die Thatsache der Erkenntniß in ihre Bedingungen auflöste, inductiv gefunden, soll jetzt deductiv hergeleitet werden; die Vernunftvermögen, die in der Thatsache der Erkenntniß als ihrem gemeinsamen Producte zusammentreffen, müssen aus einem gemeinsamen Vernunftprincip hervorgehen. Diese Deduction ist die Aufgabe, welche den Philosophen Karl Leonhard Reinhold, Salomon Maimon, Sigismund Beck vorgeschwebt und die Fichte in ihrem ganzen Umfange ergriffen und zu einer entschiedenen und einleuchtenden Lösung geführt hat. Sein Thema ist die Entstehung und Entwicklung des Bewußtseins, des Wissens, des Geistes. Darum nennt er seinen Standpunkt, den er zunächst mit dem Geiste der kantischen Philosophie völlig identificirt, „Wissenschaftslehre".

Nun besteht alle Entwicklung des Geistes darin, daß derselbe, was er ist und thut, auch einsieht und durchbringt: er verwandelt seinen Zustand in seinen Gegenstand und erhebt sich dadurch von einer niederen Stufe seines Handelns auf eine höhere, nur dadurch. In einer solchen fortschreitenden Erhebung besteht das geistige Entwicklungsgesetz: es gilt vom Einzelnen, wie vom Ganzen, von den geistigen Lebensstufen des Individuums, wie von den Culturstufen der Menschheit, von den Lebensaltern, wie von den Weltaltern. Dieses Entwicklungsgesetz hat Fichte entdeckt, die Begründung und Durchführung desselben bildet den Inhalt seiner ganzen Lehre, welche in diesem Punkte, der die Hauptsache ist, stets dieselbe geblieben.

Das Entwicklungsgesetz selbst ist höchst einfach. Um sein eigenes Sein und Handeln zu erkennen, muß man auf das eigene Thun reflectiren. Das Entwicklungsgesetz ist daher gleich dem Reflexionsgesetz. Es ist in einer Thätigkeit begründet, die sich selbst zum Gegenstand hat, die auf sich selbst zurückgeht, wodurch allein ein Subject zu Stande kommt, für welches jeder seiner Zustände Gegenstand wird, das in dem, was es ist oder thut, auch für sich sein will. Ein solches Subject, das sich selbst einleuchtet, ist allein das Selbstbewußtsein oder Ich. Daher ist das Ich oder die ursprüngliche Thathandlung, wodurch es entsteht, das Princip der fichteschen Wissenschaftslehre. Was das Ich ist oder thut, muß es für sich sein: es muß sich selbst gleichkommen, daher auf seine Thätigkeit reflectiren und diese Reflexion steigern, bis es sich selbst vollkommen einleuchtet. Daher kann jenes Entwicklungs- und Reflexionsgesetz auch in der Formel „Ich = Ich" ausgedrückt werden. Diese Formel enthält eine Reihe nothwendiger Handlungen oder Entwicklungsstufen, welche auszurechnen die Aufgabe, gleichsam das ABC der Wissenschaftslehre ist.

Daher heißt ihre Grundfrage: welche Handlungen sind nothwendig zum Ich?. Worin bestehen die Handlungen, ohne welche das Ich, das Selbstbewußtsein in seinem vollen Umfange nicht zu Stande kommen kann? Was Kant im Hinblick auf die Thatsache der Erfahrung fragt und beweist, genau dasselbe fragt und beweist Fichte im Hinblick auf die Thathandlungen, die das Ich oder das Selbstbewußtsein ausmachen und die Thatsache der Erfahrung oder des empirischen Bewußtseins erzeugen. Es ist leicht zu sehen, daß eine Thätigkeit, die auf sich selbst reflectirt, in einer nothwendigen Entgegensetzung besteht und die Auflösung dieses in ihr enthaltenen Gegensatzes zur Aufgabe hat: demgemäß muß die Wissenschaftslehre, indem sie die Handlungen des Ichs darstellt, ihre Methode einrichten, deren fortgesetztes Schema daher in Setzung, Entgegensetzung und Vereinigung (Thesis, Antithesis und Synthesis) besteht. Es ist damit nichts anderes ausgedrückt als die Grundform aller Selbstentwicklung: das Gesetz der Entwicklung ist der Inhalt, die Methode der Entwicklung die Form der fichteschen Philosophie.

Aus diesen einfachen Grundzügen, die den Typus des Systems bestimmen und nur selten richtig gewürdigt werden, läßt sich die Bedeutung der Lehre und des Philosophen erkennen. Die gewöhnliche Auffassung und Darstellung treibt sich in dem „Ich" und „Nicht-Ich" herum, ohne zu wissen, was diese Dinge bedeuten. Das Ich ist eine Entwicklungsgeschichte, die Wissenschaftslehre ist deren Darstellung oder Abbild, sie verhält sich zu ihrem Object, wie der Historiograph zur Historie. Wenn das Ich, was es ist oder thut, mit einem male durchschauen und sich erleuchten könnte, so wäre alles mit einem Schlage klar, und es gäbe keine Entwicklung; aber, in der Thätigkeit selbst begriffen, können wir nicht zugleich auf dieselbe reflectiren: darum zerlegt sich das Ich in eine Reihe von Entwicklungsstufen; auf der höheren wird ins Bewußtsein erhoben (intelligirt), was auf der niederen reflexionslos geschah oder producirt wurde.

Hier ist eine der wichtigsten und originellsten Einsichten der fichteschen Philosophie: die bewußtlose Production (das Unbewußte) gehört zum Ich. Kein Ich ohne Entwicklung, keine Entwicklung ohne bewußtlose Production; die letztere ist, in ihrem ganzen Umfange genommen, Natur, sie ist im Unterschiede von dem Ich als Selbstbewußtsein „das Nicht-Ich". Die Natur gehört in die Entwicklung des Geistes als eine nothwendige Stufe, sie bildet einen Theil oder eine Periode dieser Entwicklung: sie ist das werdende Ich, der bewußtlose Geist, die Production der Intelligenz. Jetzt sieht jedermann, was es in der Wissenschaftslehre mit der Setzung des Nicht-Ich, mit dem „Nicht-Ich im Ich", mit dem

„theilbaren Ich und Nicht-Ich" für eine Bewandtniß hat: diese „Theilbarkeit" ist nichts anderes als die Entwicklungsfähigkeit und -bedürftigkeit des Geistes, der aus der Natur als seiner eigenen bewußtlosen Thätigkeit hervorgeht. Das Ich ist theilbar, b. h. es zerlegt sich in Stufen; eine Reihe dieser Stufen besteht in der Natur, im Nicht-Ich, b. h. in der objectiven Welt, die das selbstbewußte Ich sich gegenüberstellt oder von sich unterscheidet. Was außer dem Bewußtsein (Ich) ist, ist das Unbewußte, das nothwendig zum Bewußtsein gehört. Daher giebt es nichts vom Ich Unabhängiges. In diesem Sinne gilt der Satz: „Das Ich ist Alles".

VI.

Aus der Wissenschaftslehre gehen zwei große Probleme hervor, die mit voller Deutlichkeit in ihr angelegt und enthalten sind: die Entwicklungsgeschichte der Natur und die des Geistes (der Menschheit); jenes ist das naturphilosophische, dieses das geschichtsphilosophische Problem. Die erste Frage bildet das ursprüngliche Thema Schellings, die zweite das durchgängige Thema Hegels, die beide auch in der methodischen Lösung dieser Aufgaben von der Wissenschaftslehre ausgehen und von ihr abhängig sind. Fichte selbst hat das naturphilosophische Problem nicht, das geschichtsphilosophische nur in den ersten Umrissen zu lösen gesucht.

Sein Thema zerlegt sich in vier Hauptfragen, die in ihrer Reihenfolge zugleich die Entwicklungsgeschichte des Philosophen selbst enthalten, denn er beginnt nicht mit einem fertigen System, sondern seine Lehre entwickelt sich mit ihm selbst, indem sie sich immer tiefer begründet. Alle Veränderung, welche die Lehre erfährt, ist zunehmende Vertiefung. Jene Hauptfragen sind: 1) Worin bestehen die ursprünglichen Handlungen, die das Wesen des Ich ausmachen? 2) Worin besteht die Entwicklung des vorstellenden oder theoretischen Ich? 3) Was treibt diese ganze Entwicklung? 4) Wie vollendet sich dieselbe? Die erste Frage wird gelöst in der „Grundlegung der gesammten Wissenschaftslehre", die zweite in der „theoretischen", die dritte in der „praktischen Wissenschaftslehre", auf welche die „Rechtslehre" und die „Sittenlehre" sich gründen, die vierte in der „Religionslehre".

Der Nerv des Systems liegt in der dritten Frage. Was die Entwicklung des Ichs treibt, begründet sie auch: der Trieb zur Entwicklung, der die Reflexion steigert, die Vorstellung erhöht und von jeder gegebenen Stufe losreißt, bis das volle Selbstbewußtsein und mit ihm die Geistesfreiheit erreicht ist: dieser Trieb ist ein fortgesetztes unendliches Streben, Wille, praktisches Ich. Daher ist das praktische Ich der Grund des theoretischen, die sittliche Welt das eigentliche Element der fichteschen Philosophie und die Sittenlehre deren Hauptgebäude. Fragt man nach dem Ziele des Strebens, so kann dieses nur die Freiheit von der Welt, die absolute Lauterkeit der Gesinnung und des Willens sein, die das Wesen nicht blos des sittlichen, sondern „des seligen oder religiösen Lebens" ausmacht. Daher die Religionslehre die Vollendung des Ganzen. Das Thema der Welt ist Geistesentwicklung und Geistesläuterung, mit einem Worte Befreiung. Zur Läuterung gehört als nothwendige Voraussetzung die Gebundenheit und Unfreiheit des Geistes, als nothwendiges Ziel die Lauterkeit: daher ist die Natur (Sinnenwelt) die Bedingung, die Religion die Vollendung.

VII.

In der Grundlegung der Wissenschaftslehre ist Fichte der Schüler Kants, in seiner Entwicklungslehre der Vorgänger Schellings und Hegels, in seiner Religionslehre berührt er sich mit Jacobi und Schleiermacher, in der Lehre von der bewußtlosen Production, die das Wesen der Natur und des Genies ausmacht, liegt seine Geistesverwandtschaft mit Fr. Schlegel und den Romantikern. Darin, daß er den Willen als den Entwicklungstrieb, als den Factor erkannt hat, der das vorstellende Leben (Intellect) hervorruft und steigert, ist er nicht blos der Vorgänger, sondern der Begründer derjenigen Lehre, welche Schopenhauer für sein Originalsystem erklärt und heller erleuchtet hat, als es je vor ihm geschehen.

Auf die geistige Entwicklungslehre gründet sich die menschliche Erziehungslehre und Erziehungskunst, denn diese erfüllt nur dann ihre Aufgabe, wenn sie die natur- und vernunftgemäße Entwicklung des Geistes planmäßig und richtig leitet. Wir verstehen ein Object nur in dem Maße, als wir im Stande sind, dasselbe zu erzeugen und in unsere eigene Thätigkeit zu verwandeln, welche letztere uns unmittelbar einleuchtet oder Gegenstand unserer Anschauung ist. Daher ist aller wahre Unterricht Anschauungsunterricht, alle wahre Erziehung ein planmäßiges Steigern der Anschauung. Hier ist der von Fichte tief und energisch empfundene Zusammenhang zwischen ihm und J. H. Pestalozzi, zwischen der Wissenschaftslehre und der Reform der Volkserziehung. Was Pestalozzi nur in Absicht auf das niedere, verwahrloste Volk bezweckt und geleistet hatte, wollte unser Philosoph in erweitertem Sinne zur Geltung gebracht und auf die gesammte Nation angewendet wissen.

Der Plan einer neuen Nationalerziehung, die von innen heraus den deutschen Volksgeist erneuen und aufrichten sollte, bildete das Thema seiner „Reden an die deutsche Nation". Ueberhaupt herrscht in Fichtes Gemüthsart und Lehre ein mächtiger Erziehungsdrang, dem die kantische Philosophie wie gerufen kam, und der bei der Ueberkraft seiner Natur mitunter auch gewaltsam ausbrach, weniger erziehend als „zwingend". Er bezweckte von Anfang an durch seine Lehre eine sittliche Steigerung der Welt, eine Charaktererhöhung des Zeitalters, insbesondere der studirenden Jugend und der Gelehrten; er hat dieses Ziel immer als die höchste seiner Wirkungen und Pflichterfüllungen erstrebt und zuletzt in der Wiedergeburt des deutschen Volkes gesucht und gefunden. Diese Absicht und Kraft hat seiner Lehre einen unwiderstehlichen Schwung verliehen, sie hat diesen Denker, einen der schwierigsten und unverstandensten Philosophen, zum großen Redner, zum verdienstvollen Patrioten und seinen Namen zu einem der populärsten gemacht, den Deutschland nie aufhören wird in Ehren zu halten.

Spinozas
Leben und Charakter.

I.

Der Gegenstand dieses Vortrags gehört nicht in die Reihe derer, die nur genannt zu werden brauchen, um unter den Interessen, die in der gebildeten Welt einheimisch und geläufig sind, sogleich eine für sie vorbereitete und empfängliche Stelle zu finden; und in der wenigen Zeit, die mir frei steht, werde ich nicht im Stande sein, gerade die Seite des Gegenstandes zu beleuchten, welche die wahre Theilnahme an demselben erst erweckt.

Es ist ein tief verborgenes, einsames, keinem anderen Zweck als dem der reinen Erkenntniß gewidmetes Menschenleben, das ich schildern will, so weit es aufgeschlossen und erkennbar ist für die äußere Betrachtung. Aber wie wenig erreicht die äußere Betrachtung den Kern eines solchen Lebens! Wie arm scheinbar und einförmig muß die Außenseite eines Lebens sein, welches ganz nach Innen gekehrt ist! Es entbehrt die geräuschvollen Schicksale und die Fülle reicher, mannichfaltiger, imposanter Erlebnisse, die unsere Einbildungskraft anziehen und dem Darstellenden allemal die dankbarste Aufgabe gewähren. Das Stillleben eines Denkers will von Innen heraus betrachtet sein, und was in dieser Betrachtung den Menschenkenner nicht aufhört zu beschäftigen und zu belehren, ist der Einklang der Gedanken- und Lebensrichtung, ist die Wechselwirkung zwischen Erkennen und Handeln, die sich gegenseitig reguliren und in ihrer Einheit einen jener seltenen Charaktere erzeugen, die ganz in sich ruhen, die vollkommen aus einem Guß sind und genau so leben und handeln, wie sie denken. Wenn ich nun einen der seltensten Menschen dieser Art in seinem Leben und Charakter darstellen will, ohne die Gedankenwelt seines Innern hier erleuchten zu können, so fühle ich wohl, wie sehr ich mich gerade mit dieser Aufgabe in einer ungünstigen Lage befinde. Ich will daher versuchen, ob ich mit wenigen Zügen die Gedankenrichtung bezeichnen kann, die in dem Charakter, den ich schildern möchte, ganz eines war mit der persönlichen Lebensrichtung.

Es lag in der Aufgabe der neuen Zeit, die sich von dem Mittelalter losreißen wollte, daß sie mit der Religion auch die Erkenntniß und Wissenschaft von Grund aus erneuerte, jede von beiden aus der ihr eigenthümlichen Quelle: die Religion aus der Schrift, die Wissenschaft aus der natürlichen Vernunft. Einer der größten Denker der Welt, der in dem Gebiete der Philosophie die Reformation unternahm, René Descartes, hatte das kühne Wort ausgesprochen: die Sache müsse wieder einmal ganz von vorn angefangen werden, es dürfe nichts für wahr gelten, als was man klar und deutlich erkannt habe; nur das klar und deutlich Erkannte sei wahr. Nun sind die klarsten und deutlichsten Einsichten, die wir haben, die mathematischen in ihrer zweifellosen Gewißheit, in ihrer strengen und folgerichtigen Ordnung. So klar, so gewiß, so folgerichtig sollen alle unsere Erkenntnisse sein. Wenn sie es weniger sind, so haben sie nicht den Grad der Klarheit und Deutlichkeit, der den Zweifel gänzlich ausschließt und allein das Recht hat, Wahrheit zu heißen. Was du nicht so klar gedacht und begriffen hast, als den Satz „zweimal zwei gleich vier", das hast du überhaupt nicht begriffen!

Es liegt daher in dem Geist und in der Richtung der neueren Philosophie, die von Descartes herkommt, daß sie sich diese Aufgabe stellt: die gesammte Erkenntniß nach mathematischer Nothwendigkeit zu reguliren, den ganzen Inhalt der Welt in eine Kette mathematischer Schlußfolgerungen zu bringen, in der jedes Glied aus dem früheren folgt, so einleuchtend wie ein arithmetischer oder geometrischer Satz. Die Philosophie soll, wie es hieß, «more geometrico» verfahren. In ihrer geschichtlichen Entwicklung ist hier der wichtige und bedeutsame Punkt, wo diese Aufgabe an sie herantritt, wo die Lösung dieser Aufgabe ihr nächstes und unvermeidliches Problem bildet, wo der Versuch der Lösung in ihrem ganzen Umfange gemacht werden muß, sollte es auch nur sein, um deutlich und klar einzusehen, wie viel von dem Inhalte der

Welt sich mathematisch nicht beweisen läßt. Solche negative Einsichten sind ebenso wichtig und oft bei weitem fruchtbarer als die positiven.

Wir können unabhängig von den Systemen der Philosophie aus der Erfahrung des eigenen Verstandes diese Aufgabe unmittelbar erkennen. Wem ist nicht einmal in seinem Leben, sobald der Verstand anfängt sich zu fühlen und sich in kühnem Selbstvertrauen erhebt, die Forderung gekommen: ich will alles so klar bewiesen haben, wie den Satz „zwei mal zwei gleich vier"; was mir weniger klar ist, gilt mir als unbewiesen und im Sinne der Wissenschaft als nichtig! Diese Forderung wird man noch oft hören. In der Philosophie hat sie ihre Erfüllung und ihr Zeitalter gehabt. Nur ein einziges mal in der Welt ist sie wirklich, ernsthaft, in ihrer Weise vollkommen erfüllt worden: durch Baruch Spinoza.

Um sie zu stellen, diese Forderung, dazu gehört kaum mehr als das Selbstvertrauen des emporstrebenden, zuversichtlich gewordenen Verstandes, der zum ersten mal seine Macht fühlt. Um sie ernstlich und systematisch durchzuführen, dazu gehört eine unbeugsame Geistes- und Willensstärke, die den Gleichmuth hat, den Widerspruch der ganzen Welt auszuhalten. In dieser Rücksicht ist Spinozas Philosophie und Charakter eine beispiellose und einzige Erscheinung. Nicht blos die Größen, auch die Dinge, nicht blos die Körperwelt, auch das geistige Menschenleben erklärt er nach mathematischer Methode. Er giebt eine geometrische Theologie, eine geometrische Sittenlehre und verneint alles, was sich diesem Maßstabe nicht fügt.

Nun giebt es einen Begriff, der in das mathematische Denken nicht eingeht, der in diese Denkweise nicht paßt. Es hat keinen Sinn, wenn man fragen wollte: wozu sind die Winkelsumme des ebenen Dreiecks gleich zwei rechten? wozu sind die Radien des Kreises einander gleich? wozu ist zwei mal zwei gleich vier? Man kann hier nur fragen, warum es sich so verhält? Die mathematischen Wahrheiten haben nur Gründe, aber keine Zwecke. Wenn nun alle Wahrheiten dem Gesetz mathematischer Nothwendigkeit folgen, so giebt es überhaupt keine Zwecke, so ist der Zweck ein Unding in der Welt, ein Ungedanke in meinem Kopfe, eine unklare und verworrene Vorstellung, nichts als eine wesenlose Imagination, so giebt es weder natürliche noch moralische noch göttliche Zwecke, so müssen die Grundlagen für nichtig erklärt werden, auf denen die Philosophie des classischen Alterthums, die christliche Theologie, die gesammte herrschende Weltanschauung ruht. Nehmen wir dazu, daß die ersten Philosophen der neuen Zeit, die Spinoza vorausgehen, wie Bacon und Descartes, die Geltung der Zwecke nicht vollkommen verneint haben, so sehr sie dieselbe schon von der physikalischen Erklärung der Dinge ausschließen; daß die folgenden Philosophen, wie Leibniz und Kant, diese Geltung wieder von Grund aus aufrichten, so ist Spinozas Weltstellung in der That einzig, vollkommen ausschließend und vollkommen ausgeschlossen, entgegengesetzt den entscheidenden Denkern sowohl der früheren als der folgenden Zeit.

Er steht einsam da, wie kein anderer, einsam in seinem Denken, ebenso einsam und verlassen in seinem Leben: in der That ein vollkommener Zeuge der Wahrheit, wie sie seinem Geist einleuchtete, wie sie auf diesem Punkte in der Entwicklung der Philosophie gedacht sein wollte. Soll ich es einen Zufall nennen, daß hier, wo die Philosophie ein System brauchte und forderte, welches sie in den äußersten Gegensatz bringen mußte mit der Vorstellungsweise der Welt, ein verstoßener Jude es war, dem sie sich und ihre Sache anvertraute?

II.

„Ich betrachte die menschlichen Handlungen ganz so, als ob es sich um Linien, Flächen, Körper handelt." Dieser Ausspruch charakterisirt den Mann und seine Denkweise. „Ich habe mich gewöhnt, die menschlichen Leidenschaften, wie Liebe, Haß, Zorn, Neid, Ehrgeiz, Mitleid und alle die anderen Gemüthsbewegungen nicht als Fehler der menschlichen Natur, sondern als deren Eigenschaften zu betrachten, die zum Wesen derselben ganz ebenso gehören, wie zur Natur der Luft Hitze, Kälte, Sturm, Donner und andere ähnliche Erscheinungen, die wohl unbequem, aber nothwendig sind und bestimmte Ursachen haben."

In dieser Betrachtungsweise gelten die Dinge nur als das, was sie sind, was sie allein sein können; sie sind weder besser noch schlechter. Sie haben keine Zwecke: darum können sie auch keine Zwecke verfehlen. Verfehlte Zwecke sind kläglich oder lächerlich, je nachdem wir sie nehmen. In der Betrachtungsweise Spinozas giebt es nichts, das anders sein könnte oder sollte, als es in Wahrheit ist, also nichts, worüber man im Ernste lachen oder weinen könnte. Daher jenes mächtige Wort, das ihm viele nachgesprochen, aber keiner wie er erfüllt hat: „man muß die Dinge weder beweinen noch belachen noch verabscheuen, sondern begreifen".

Die Menschen nennen die Dinge gut oder böse, wie sie das Wetter und die Jahreszeit gut oder böse nennen, je nachdem sie ihnen günstig oder ungünstig sind. Sie urtheilen über die Dinge, wie in der Fabel der Bauer über die Eichel: „schade, daß die Eichel kein Kürbiß ist!" Und wenn die Eichel herabfällt, heißt es: „Gott sei Dank, daß sie kein Kürbiß war!" Das ist der landläufige Unverstand, der die Dinge beurtheilt nach seinen Wünschen, nach seinen Begierden, also im Grunde selbstsüchtig, und darum in seinen sogenannten Urtheilen, worin er sich wunder wie kritisch erscheint, auch nicht höher kommt als jener Bauer unter der Eiche. So urtheilt in allen Dingen der Unverstand, d. h. so urtheilen die Leute!

Spinozas ganze Lebensaufgabe ist auf diesen einen Punkt gerichtet: sich von der Selbsttäuschung und ihren Blendungen zu befreien. Diese Aufgabe war zugleich sein tiefstes persönliches Bedürfniß. Er hatte begriffen, daß die Wurzel der Selbsttäuschung die Selbstsucht ist, das Geschlecht unserer Begierden, Wünsche und Leidenschaften. So lange diese unser Gemüth gefangen nehmen und verdunkeln, ist es vollkommen unfähig, die Wahrheit zu erkennen. Nennen wir das Gegentheil der Selbstsucht Liebe, so war in dem Leben und Charakter Spinozas das beherrschende und erleuchtende Motiv einzig die Liebe zur Wahrheit. Sein ganzes Leben war eine Entsagung um dieser Liebe willen.

Gleich im Anfange einer seiner frühsten Schriften haben wir den ganzen Menschen, die Grundrichtung seines Lebens und seiner Philosophie. Descartes beginnt mit dem Bekenntniß: ich habe vieles für wahr gehalten, von dem ich jetzt einsehe, daß es falsch ist; ich habe keinen Grund, irgend etwas für sicherer zu halten. Möglicherweise ist alles falsch, was ich vorstelle und glaube. Was also ist wahr? Was ist gewiß? Spinoza beginnt mit dem Bekenntniß: ich habe vieles für gut gehalten, von dem ich jetzt einsehe, daß es eitel und werthlos ist. Ich habe keinen Grund, von den sogenannten Gütern des Lebens eines für besser zu halten. Möglicherweise sind sie sämmtlich blos Scheingüter, möglicherweise ist alles eitel und werthlos, was die Menschen zu begehren und zu wünschen gewohnt sind. Was also ist gut? Was ist das wahrhaft Gute, das echte und unvergängliche? Jedes Gut, das ich besitze, erzeugt in mir eine glückliche Empfindung, ist die Ursache meiner Befriedigung und Freude. Wenn es nun ein vollkommen echtes und unverlierbares Gut giebt, wenn es möglich ist, ein solches Gut zu erwerben und zu besitzen, so ist die Befriedigung, die ich davontrage, ebenso dauernd und unzerstörbar, so ist meine Freude ewig. Dieses Gut kann nicht auf dem Wege gefunden werden, in welchem die gewöhnlichen und vergänglichen Güter des Lebens gesucht und erreicht werden. Es ist nicht möglich, jenes Gut und diese Güter zugleich zu erstreben. Die Wege sind verschieden. Eines von beiden muß man entbehren: entweder das ewige Gut oder die vergänglichen, entweder das Gut oder die Güter. Welchen der beiden Wege man auch ergreift, so muß man einem von beiden entsagen, man muß sich zu dieser Entsagung entschließen, nachdem man sich dieselbe in ihrer ganzen Bedeutung klar gemacht hat. Es handelt sich also im Sinne Spinozas nicht blos um die Lösung einer Aufgabe, sondern um die Wahl einer Lebensrichtung.

Der Entschluß ist zu fassen mit aller Ruhe und Klarheit. Er ist nicht leicht und die Abwägung des ewigen Gutes gegen die vergänglichen so einfach und sicher nicht, als es wohl scheinen möchte. Wenn man des ewigen Gutes sicher wäre, wenn es vor uns läge, gleichsam mit Händen zu greifen, dann wäre die Wahl nicht schwer zu treffen! Wer würde die dauernde Freude nicht der vergänglichen vorziehen? Aber zunächst ist jenes ewige Gut eine bloße Annahme, eine sehr ungewisse. Es heißt: wenn ein solches Gut existirt! wenn es sich erwerben und besitzen läßt! Ob dieses Gut in Wahrheit existirt und für uns existirt, ist ungewiß. Es liegt zunächst im Dunkel. Dagegen die Güter des Lebens liegen vor uns in deutlicher und lockender Nähe. Sind sie auch vergänglich, so sind sie doch gewiß, so sind oder scheinen sie wenigstens bei weitem gewisser, als jenes ewige Gut, von dem wir nicht wissen, was und wo es ist? Sollen wir also den Weg nach den sicheren, erreichbaren, lockenden Zielen verlassen, um jenen anderen zu ergreifen nach dem ungewissen und vielleicht unmöglichen Ziele? Sollen wir die gewissen Güter aufgeben gegen das ungewisse?

Welches sind die, wie es heißt, gewissen Güter? Sie lassen sich sämmtlich auf diese drei zurückführen: Sinnengenuß, Reichthum und Ehre. In Wahrheit: diese Güter des Lebens, die als die sichersten begehrt werden, verwandeln sich, wenn man ihnen auf den Grund sieht, in lauter Verluste. Sie sind nichts als Scheingüter, Phantome, welche die Verwesung in sich tragen. Was wir in Wirklichkeit durch sie gewinnen, ist Wahn und Betäubung, Unlust und Unfreiheit, Mangel und Täuschung.

Also, die Sache richtig erwogen, haben wir zu wählen zwischen einem ungewissen Gut und einem Heere sicherer und unzweifelhafter Uebel. Kann jetzt die Wahl noch zweifelhaft sein? Die Wahl, bei welcher auf der einen Seite der sichere Tod, auf der anderen die mögliche Heilung ist? Dort ist die Aussicht in die Verwesung, hier die Aussicht ins Leben! Hier offenbar ist unsere einzige Hoffnung, unsere einzige mögliche Rettung. „Denn ich sah", sagt Spinoza, „daß ich in der größten Gefahr schwebte und mit aller Kraft ein Mittel, wenn auch ein ungewisses, suchen müßte; so wie ein tödtlich Erkrankter, der den sichern Tod vor sich sieht, wenn nicht eines noch hilft, dieses eine Mittel, es sei auch noch so unsicher, mit aller Kraft ergreift, denn in ihm liegt seine ganze Hoffnung. Jene Güter insgesammt, denen die Menge nachjagt, helfen nicht blos nichts zur Erhaltung unseres Daseins, sondern sie hemmen es sogar; sie sind häufig Schuld an dem Untergange derer, die sie besitzen, und sie sind allemal Schuld an dem Untergange derer, die von ihnen besessen werden."

Diese Einsicht ist es, die den Entschluß zur Reise bringt, die Güter des Lebens fallen zu lassen und nach dem unvergänglichen Gute zu streben. Mit diesem Bekenntnisse beginnt sein Tractat «de intellectus emendatione»: „Nachdem mich die Erfahrung gelehrt hat, daß alles, was den gewöhnlichen Lebensinhalt ausmacht, eitel und schlecht ist, und da ich sah, daß alle Ursachen und Gegenstände meiner Furcht an sich weder gut noch böse und beides nur sind, je nachdem sie das Gemüth bewegen, so entschloß ich mich endlich zu untersuchen, ob es ein wahrhaftes und erreichbares Gut gebe, von dem das Gemüth ganz und gar mit Ausschluß alles anderen ergriffen werden könnte, ja ob sich etwas finden ließe, dessen Besitz mir den Genuß einer dauernden und höchsten Freude auf ewig gewährte".

Woher kommen denn jene Begierden, die uns betrüben und verstimmen, wie Trauer, Furcht, Haß, Neid u. s. f.? Sie entspringen alle aus derselben Quelle: aus unserer Liebe zu den vergänglichen Dingen. Mit dieser Liebe verschwindet das ganze Geschlecht jener Begierden. „Wenn diese Dinge nicht mehr geliebt werden, so wird kein Streit mehr entstehen, keine Trauer, wenn sie zu Grunde gehen, kein Neid, wenn sie ein anderer besitzt, keine Furcht, kein Haß, mit einem Wort keine Gemüthsbewegungen dieser Art, die alle zusammentreffen in der Liebe zu den vergänglichen Dingen." Jenes Gut also, dessen Liebe die Seele ganz erfüllen soll mit Ausschluß alles Uebrigen, kann nichts anderes sein, als ein ewiges und unendliches Wesen. „Die Liebe zu einem ewigen und unendlichen Wesen", sagt Spinoza, „erfüllt das Gemüth mit einer Freude, die jede Art der Trauer von sich ausschließt. Ein solcher Zustand ist aufs innigste zu wünschen und mit ganzer Seele zu erstreben." Es ist die Liebe zur Wahrheit, die das menschliche Herz erfüllt und von den Begierden läutert.

Hier ist Spinoza ein sittliches Vorbild geworden, welches zwar in seinem eigenen Zeitalter nicht gewürdigt wurde, weil dieses vor der Lehre des Mannes wie vor einem Medusenantlitze zurückwich; aber die Nachwelt und namentlich die deutsche wurde in einer Reihe ihrer edelsten Geister von ihr durchdrungen und gerührt.

Lessing, der überall, wo es Rettungen galt, bei der Hand war, wies auf Spinoza hin, wie er auf Shakespeare hingewiesen hatte. „Redet man doch noch heute von Spinoza wie von einem todten Hunde", sagte er in jener berühmten und folgereichen Unterredung mit Jacobi. Er fühlte sich ihm in seinem Wahrheitssinn so ver=

wandt, daß er dessen Sache für die seinige ausgab und sich als einen Geistesgenossen Spinozas bekannte, so daß die Vermuthung entstehen konnte, er sei Spinozist gewesen.

In einem gewissen Sinn war es Goethe wirklich. Seine Leidenschaften loswerden in der liebevollen und rein gestimmten Betrachtung der Welt, war diesem Dichter Bedürfniß und Wohlthat. Diese Hingebung an die Wahrheit der Dinge, diese begierdelose und klare Gemüthsstimmung empfand er als Erhöhung des Lebens, als Erneuerung und Weihe der Kraft. Sagt er doch selbst, daß er die heiße Stirn in der Friedensluft gekühlt habe, mit der ihn stets von neuem der Spinozismus anwehe. Es ist die Wahrheit, der seine Zueignung und das Bekenntniß gilt:

> Lang' hab' ich dich gefühlt;
> Du gabst mir Ruh', wenn durch die jungen Glieder
> Die Leidenschaft sich rastlos durchgewühlt;
> Du hast mir wie mit himmlischem Gefieder
> Am heißen Tag die Stirne sanft gekühlt;
> Du schenktest mir der Erde beste Gaben,
> Und alles Glück will ich durch dich nur haben!

Diese leidenschaftslose, von dem Druck der Begierden erlöste Geistesstimmung, in der sich das Gemüth der reinen Betrachtung der Dinge, der Erkenntniß des Ewigen wie von selbst zuwendet, hat Goethe in seinem Faust echt spinozistisch mit den Worten ausgedrückt:

> Entschlafen sind nun wilde Triebe
> Mit ihrem ungestümen Thun;
> Es reget sich die Menschenliebe,
> Die Liebe Gottes regt sich nun!

Die Grundstimmung der Lehre Spinozas ist religiös. Denn sie theilt mit der Religion diese beiden echten Züge: Erlösung von der Selbstsucht, Hingebung an das Ewige! Und so erklärt sich, wie Schleiermacher, der in seinen Reden über Religion das große Thema behandelte, daß nicht die Vorstellungen und nicht die Sätze, sondern einzig und allein die Seele religiös sei, in dieser Betrachtung überwältigt wurde von dem Andenken Spinozas und ausrufen konnte: „Wenn die Philosophen werden religiös sein und Gott suchen, wie Spinoza, und die Künstler werden fromm sein und Christus lieben,

Kuno Fischer, Philos. Schriften.

wie Novalis, dann wird die große Auferstehung gefeiert werden für beide Welten!" „Opfert mir ehrerbietig eine Locke den Manen des heiligen, verstoßenen Spinoza! Ihn durchdrang der hohe Weltgeist, das Unendliche war sein Anfang und Ende, das Universum seine einzige und ewige Liebe, und darum steht er auch da allein und unerreicht, Meister in seiner Kunst, aber erhaben über die profane Zunft, ohne Jünger und ohne Bürgerrecht."

Und Friedrich Heinrich Jacobi, der das Verständniß Spinozas wieder erweckte, der selbst in der Philosophie sein äußerster Gegner war, der es war auf Grund der Religion, erkennt doch in dem innersten Motiv der Lehre Spinozas den religiösen Lebenskern: „Sei du mir gesegnet, großer, ja heiliger Benedictus! wie du auch über die Natur des höchsten Wesens philosophiren und in Worten dich verirren mochtest, seine Wahrheit war in deiner Seele und seine Liebe war dein Leben!

III.

Bei der tiefen Verborgenheit, in welcher Spinoza lebte, war sein ganzes Dasein dem Blicke von außen zu verschlossen, um einen Kenner zu finden, der im Stande gewesen wäre, ein treues und vollkommenes Abbild desselben der Nachwelt zu überliefern. Dazu kam, daß die schicksalsvollen Erlebnisse seiner Jugend in ihren Einzelnheiten mit einem Dunkel umgeben waren, welches die Biographen nicht aufhellen konnten. So wurde das Leben Spinozas nur nach seinen äußeren Umrissen beschrieben und aus Nachrichten, die aus spärlichen und verschiedenartigen Quellen geschöpft waren, lückenhaft zusammengestellt. Die Glaubwürdigkeit dieser Nachrichten ist in mehr als einem Punkte bedenklich. Der religiöse Parteieifer hat sich in einzelne Berichte über das Leben des Philosophen gemischt, und die polemischen und apologetischen Interessen, welche die Lehre Spinozas erregte, haben von beiden Seiten dazu beigetragen, auch die einfachen Thatsachen seines Lebens zu entstellen und zu verdunkeln. Im Jahre 1700 erschien zu Hamburg von dem Professor der reformirten Theologie Christian Kortholt eine Schrift „über die drei großen Betrüger (de tribus impostoribus magnis)". Bekanntlich war im Mittelalter ein Buch dieses Titels, das als Gipfel der Ketzerei galt, gegen die Urheber der drei monotheistischen Religionen Moses, Christus, Mohammed geschrieben worden. Kortholt schrieb das seinige gegen die drei naturalistischen Philosophen Herbert, Hobbes, Spinoza. Den Geist dieses Buchs zu bezeichnen, genügt ein einziger Satz, der zugleich zeigt, wie witzig Kortholt sein konnte. Er ist darüber erbost, daß Spinoza den Namen Benedictus angenommen hat (die lateinische Uebersetzung des hebräischen Namens Baruch). „Man hätte ihn vielmehr Maledictus (den Verfluchten) nennen sollen, denn die nach dem göttlichen Fluch im ersten Buch Mosis dornige Erde (spinosa terra) hat nie einen verfluchteren Menschen getragen als diesen Spinoza, dessen Werke mit so viel Dornen (spinis) besäet sind. Der Mann war zuerst Jude, aber später von der Synagoge ausgestoßen (ἀποσυνάγωγος), ist er zuletzt, ich weiß nicht durch welche Ränke und Kniffe, unter die Christen gekommen, zu deren Namen er sich bekannt hat." Die Wahrheit ist, daß Spinoza das Judenthum verlassen hat, ohne zum Christenthum jemals weder öffentlich noch im Geheimen überzutreten. Zu diesem Buch hat Sebastian Kortholt, der Sohn des Verfassers, eine Vorrede geschrieben, die einige Nachrichten vom Leben Spinozas enthält, welche der Autor selbst im Haag aus dem Munde glaubwürdiger und unterrichteter Personen gesammelt haben will. Er nennt Spinoza schlechtweg den Atheisten. Daß dieser bisweilen Privatunterricht ertheilt habe, ohne jemals Geld dafür zu nehmen, erzählt Kortholt, indem er begründend hinzufügt: „denn die Bosheit war umsonst bei ihm zu haben".

Der bedeutendste und in seiner Art würdigste Biograph Spinozas ist Johannes Colerus (Köhler), Prediger der lutherischen Kirche im Haag. Er ist in der Erforschung der äußeren Lebensverhältnisse des Philosophen sorgfältig zu Werke gegangen und hat wahrheitsgetreu berichtet bis auf die kleinsten und unscheinbarsten Umstände, so viel er von dem Leben Spinozas erfahren konnte. Seine Darstellung ist zum größten Theil aus mündlichen Quellen geschöpft, und es wurde ihm leicht, auf diesem unmittelbaren Wege Nachrichten über Spinoza einzuziehen, weil er im Haag das Haus der Wittwe van de Werwe bewohnte, wo Spinoza früher gelebt, und außerdem in persönlichem Verkehr mit dem Maler van der Spyck stand, in dessen Hause der

Philosoph den letzten Theil seines Lebens zugebracht hat. Colerus entsetzt sich oft vor den Lehren Spinozas, aber er ist zugleich von der Sittenreinheit, der bescheidenen Uneigennützigkeit, der einfachen Größe seines Charakters ergriffen. Er gab zuerst das Leben Spinozas in niederländischer Sprache heraus, zugleich mit einer Predigt über die nicht mit Spinoza allegorisch zu erklärende Auferstehung Jesu. Noch in demselben Jahr erschien die Biographie in französischer Sprache. Colerus ist in seinem Eifer gegen die Person des Philosophen, dessen Lehre er verwirft, nie boshaft, aber bei aller menschlichen Theilnahme, die er für ihn empfindet, duldet er nicht, daß Spinoza nach seinem Tode „selig" genannt werde. Die Gelegenheit, bei welcher Colerus gegen diesen Ausdruck Protest einlegt, fällt ins Komische. „Beiläufig will ich bemerken", so erzählt er, „daß nach dem Tode Spinozas sein Barbier eine Rechnung brachte, in der es hieß: „„Herr Spinoza seligen Andenkens schuldet dem Chirurgen Abraham Kervel für dessen Dienste während des letzten Vierteljahrs einen Gulden und achtzehn Sous."" „Der Todtenbitter und zwei Schneider machten in ihren Rechnungen dem Verstorbenen ein ähnliches Compliment. Wenn die guten Leute gewußt hätten, was dieser Spinoza für religiöse Grundsätze gehabt hat, so würden sie mit dem Ausdruck „selig" wohl nicht so leichtsinnig umgegangen sein. Oder haben sie ihn blos gebraucht, weil es die gewöhnliche Sitte so mit sich bringt, die bisweilen den Mißbrauch solcher Worte selbst für solche Personen duldet, die in Verzweiflung und Unbußfertigkeit gestorben sind?" Und doch berichtet derselbe Colerus kurz vorher, daß alle Sagen über ein verzweifeltes Lebensende Spinozas lauter Lügen seien, daß sein Tod wie sein Leben ruhig und sanft war.

Diese Lebensbeschreibung erschien später in deutscher Sprache. Der Uebersetzer hat seinem Fanatismus auf eigenthümliche Weise Luft gemacht. Da er das Charaktergemälde des Colerus nicht beflecken konnte, so hat er seiner Schrift ein schlechtes Bild Spinozas vorgesetzt mit der Unterschrift «characterem reprobationis in vultu gerens». Er trägt das Zeichen der Verwerfung auf der Stirn!

Eine apologetische Schrift führt den Titel: „Leben und Geist Spinozas". Der biographische Theil behandelt Spinoza wie eine Art Heiligen, der didaktische ist eine werthlose Compilation. Als

Verfasser wird der seiner Zeit berüchtigte Arzt Lucas im Haag bezeichnet. Die Schrift ist nur in wenigen Exemplaren gedruckt und sehr bald selten und theuer geworden. Man hat sie später handschriftlich verbreitet und den ersten Theil derselben wieder besonders herausgegeben unter dem Titel: „Das Leben Spinozas von einem seiner Schüler". Beide biographische Quellen haben sich in einem dritten Werke unkritisch gemischt, welches mit den Widerlegungen durch Fénelon und Lami der Graf Boulainvilliers herausgab.

In jüngster Zeit hat der Professor van Vloten im Deventer sich durch seine emsigen und erfolgreichen Nachforschungen über die Lebensgeschichte Spinozas sehr verdient gemacht[1].

IV.

Der siegreiche Kampf der Niederlande gegen die spanische Herrschaft hatte in dem befreiten Lande einen Schauplatz bürgerlicher und religiöser Freiheit eröffnet, der den Bedürfnissen nach ungehinderter Entwicklung in Glaube und Wissenschaft eine sichere und günstige Zuflucht darbot. Descartes hatte in dem Frankreich befreundeten Holland seine ersten Kriegsdienste genommen und später hier die heimliche Muße gefunden, aus der die Werke seiner neuen Lehre hervorgingen.

Von überall her sammelten sich in dieser Freistätte die anderswo unterdrückten und namentlich um des Glaubens willen verfolgten Geister. Dieser Zug war es, der gegen Ende des 16. und im Anfange des 17. Jahrhunderts die auf der pyrenäischen Halbinsel verfolgten Juden nach den Niederlanden führte, wo sie unter dem Namen „portugiesische Juden" eine neue Gemeinde gründeten, deren Mittelpunkt die Synagoge von Amsterdam war. Aus einer Bemerkung, die Spinoza selbst gelegentlich in seinem theologisch-politischen Tractat macht, läßt sich erklären, warum diese Juden vorzugsweise die portugiesischen hießen. Die Juden der pyrenäischen Halbinsel, so lautet die Bemerkung, wurden gezwungen, entweder katholisch zu werden oder auszuwandern; die Convertiten erhielten

---

[1] Vgl. meine Geschichte der neueren Philosophie. I. Th. 2. (3. Aufl.) S. 103—104.

in Spanien volle bürgerliche Rechte und vermischten sich mit der spanischen Nation, dagegen in Portugal blieben sie ausgeschlossen von der Theilnahme am Staat und abgesondert für sich, daher bewahrten sie hier ungemischt ihre Volkseigenthümlichkeit.

In kurzer Zeit erhob sich die Schule in Amsterdam zu einem solchen Ansehen, daß sie als ein Hauptsitz des europäischen Judenthums gelten konnte. Es schien, als ob die große Zeit des jüdischen Mittelalters, die sich während des zwölften und dreizehnten Jahrhunderts in Spanien entfaltet hatte, jetzt noch eine Nachblüthe in den Niederlanden zeitigen sollte. Um die Mitte des siebzehnten Jahrhunderts steht die neu gegründete Gemeinde in voller Macht und Bedeutung. Im Jahr 1675 wurde die neue portugiesische Synagoge gebaut, die noch heute steht.

Das Asyl der Verfolgten erscheint leicht als ein Asyl überhaupt der freieren Geistesbewegung. Unter dem Schutze der niederländischen Freiheit, unabhängig und sicher gestellt gegen die kirchlich-politischen Mächte des Christenthums, selbst eine Hochschule jüdisch-orientalischer Weisheit und Gelehrsamkeit, übt die Synagoge von Amsterdam eine Anziehungskraft auch auf solche aus, die mit dem Christenthum innerlich zerfallen und von kirchlichen Verfolgungen bedroht sind. Spanische Neuchristen verlassen ihr Vaterland, um in Amsterdam zum Judenthum überzutreten. Einer derselben, Uriel da Costa, ist durch sein Schicksal eine tragische Person, durch seine Kämpfe innerhalb der Synagoge und die Verfolgungen von Seiten des jüdischen Glaubensfanatismus gewissermaßen ein Vorgänger Spinozas geworden. Als er in Verzweiflung über den Haß seiner Glaubensgenossen ein freiwilliges Ende nahm (1640), war Spinoza ein achtjähriger Knabe.

Innerhalb dieser portugiesischen Gemeinde wurde Baruch Spinoza (b' Espinoza) den 24. November 1632 zu Amsterdam in einem Hause auf dem Burgwall in der Nähe der alten portugiesischen Synagoge geboren. Er hatte zwei jüngere Schwestern, Rebecka und Mirjam, von denen die erste unverheirathet blieb, die zweite einen ihrer Glaubensgenossen Samuel Carceris zum Manne nahm. Die Eltern waren ehrbare und wohlhabende Handelsleute, die den einzigen Sohn, dessen außerordentliche Fähigkeiten sich früh bemerkbar machten, sorgfältig erziehen und sich dem jüdischen Gelehrtenberufe widmen ließen. Es heißt, daß der Vater Michael Spinoza ein vorurtheilsfreier, aller Scheinfrömmigkeit abgeneigter Mann war, der den Sohn vor den Heuchlern in der Religion gewarnt habe. In der jüdischen Schule seiner Vaterstadt empfing Baruch seine hebräische Bildung; er durchlief alle Stufen derselben von den Elementen der Sprache bis zu den heiligen Schriften des alten Testaments, insbesondere des Pentateuch und der Propheten; dann folgte das Studium des Talmud, der Commentatoren und der jüdischen Philosophen des Mittelalters, deren größter Maimonides war. Dieses ausgebreitete Gebiet jüdischer Theologie durchforschte Spinoza lernbegierig und mit rastlosem Eifer. Moses Morteira, der erste Talmudist der Schule, soll sein Lehrer gewesen und Spinoza selbst in kurzer Zeit ein so hervorragender Schüler geworden sein, daß er der Stolz seines Lehrers und die Hoffnung der Synagoge war.

Neben dem alten Testament und dem Talmud studirte er die kabbalistischen Bücher, in denen eine spätere jüdische Weisheit ein theosophisches System ausgebildet hat, das sich zur mosaischen Religion ähnlich verhält, als zur christlichen die Gnosis und zur griechischen der Neuplatonismus. Es ist bekannt, welche Bedeutung in dem Uebergange von der Scholastik zur Erneuerung der Philosophie die kabbalistische Lehre seit Pico von Mirandola und Reuchlin gehabt hat. Von dem theologischen Geiste des Mittelalters zu dem naturalistischen einer neuen Welterkenntniß bildete die Theosophie einen nothwendigen und wichtigen Durchgangspunkt, und gerade hier mischte sich die Kabbala bedeutungsvoll und wirksam in den wissenschaftlichen Entwicklungsgang des christlichen Geistes. So kam Spinoza an der Hand der jüdischen Litteratur unwillkürlich bis an die Schwelle der neuen Philosophie. Ich will damit nicht sagen, daß die Kabbala für ihn selbst eine Art Vorschule zur Philosophie gewesen sei, noch weniger, daß die kabbalistischen Lehren ihn zu seiner eigenen geführt haben. Man hat von einem Zusammenhange dieser Art bisweilen gefabelt und den Philosophen Spinoza unter die Kabbalisten bringen wollen, damit er dem Judenthum, das ihn aus der Synagoge ausgestoßen, durch die heimliche Thür der Kabbala wieder zugeführt werde. Warum macht man nicht auch Descartes zu einem Kabbalisten? Das ganze Gerede beweist nur, daß die Leute den eigentlichen Charakter der kabbalistischen Weisheit nicht kennen und noch weniger den der Lehre Spinozas und seiner Geistesart. Auch scheinen sie nicht zu wissen, wie Spinoza selbst von den Kabbalisten geurtheilt hat. Er sagt: „Ich habe auch einige kabbalistische Schwätzer gelesen und mich nie genug über ihren Unsinn wundern können". Nachdem er die jüdische Theologie und Theosophie durchstubirt hatte, war er im Innersten unbefriedigt und riß sich von ihr los. Statt des Rabbiners war ein Skeptiker aus ihm geworden. Er dürstete nach Erkenntniß Gottes und der Natur, und dieser Durst blieb ungestillt durch das alte Testament, den Talmud und die Kabbala.

V.

Die ersten Philosophen der neuen Zeit haben es schwer, die Selbstständigkeit zu erringen, welche das Werk der freien und voraussetzungslosen Erkenntniß verlangt. Ihre Jugend und Erziehung ist unter die Macht der Tradition gegeben, die mit einem geheiligten Ansehen und einer massenhaften Schulweisheit die Köpfe gefangen nimmt und die Geistesfreiheit bei Zeiten unterjocht. Descartes in der Jesuitenschule von La Flèche, Spinoza in der Rabbinenschule von Amsterdam! Jener ein Schüler des strengsten Ordens im Sinne der päpstlichen Autorität, dieser ein Jünger des Talmud. Aber so soll es sein. Nur die schwer errungene Selbstständigkeit ist die echte. Beide haben gründlich gelernt, was sie lernen konnten; sie haben beide eine Meisterschaft über den erlernten Stoff erreicht, sie sind bewunderte Schüler gewesen, und im Ausgange ihrer Lehrjahre waren sie dem Geist der Schule, die sie erzogen, innerlich völlig entfremdet und in ihrem Urtheil weit überlegen.

Wir haben von Spinoza keine Selbstbekenntnisse weder mündlicher noch schriftlicher Art, die uns einen Blick in die inneren Kämpfe gewähren könnten, die er in der Rabbinenschule erlebt hat, und wie er allmählich in sich zu der Entscheidung kam, die jede Geistesgemeinschaft mit der Synagoge aufhob.

Ich glaube nicht, daß diese Kämpfe stürmischer Natur gewesen sind. Dieser klare und helle Kopf suchte Licht und fand Dunkel;

er wollte Wahrheit und Erkenntniß, und es mußte ihm, je reifer er wurde, um so deutlicher einleuchten, daß die gesammte jüdische Gelehrsamkeit ganz andere als wissenschaftliche Grundlagen hatte, daß die kabbalistischen Bücher von einer klaren Erkenntniß der Dinge weit entfernt und das mosaische Gesetzessystem überhaupt nicht bestimmt war, wissenschaftliche Einsichten zu gewähren. Diese Ueberzeugung hatte er mit aller Deutlichkeit gewonnen und sie hatte sich ruhig in ihm befestigt. Er hatte in den Büchern des Pentateuch eine Reihe von Widersprüchen erkannt, einen Mangel an Zusammenhang und Uebereinstimmung gefunden, der in seinen Augen das Ansehen nothwendig erschüttern mußte, welches der jüdische Glaube diesen Urkunden zuschreibt. Solche Bedenken müssen früh in ihm erwacht sein, denn er bemerkt in seinem theologisch-politischen Tractat ausdrücklich, nachdem er seine Bedenken ausgeführt hat: „Ich schreibe hier nichts, das ich nicht schon lange und längst bedacht habe". Sein Erkenntnißbedürfniß strebt aus dem Rabbinenthum heraus und findet endlich das ersehnte Licht in den Werken Descartes'. Aus dem Talmudisten wird ein Philosoph, aus dem Skeptiker ein Cartesianer und zwar unter allen der scharfsinnigste und geistesmächtigste.

Der Uebergang Spinozas aus der jüdischen Theologie zu Descartes und der Philosophie, der sich in der Stille seines Gemüths vorbereitet und vollzieht, ist von einer gewaltsamen Katastrophe begleitet, die sein äußeres Leben erschüttert. Er geräth mit seinen Lehrern in Zwiespalt, und es kommt zuletzt zum Bruch mit der Synagoge, die ihn als einen Abtrünnigen feierlich ausstößt.

Ueber die einzelnen Vorgänge, die dabei stattgefunden haben und der letzten Maßregel vorausgingen, sind wir nicht genau unterrichtet. Es scheint, daß die Synagoge alles aufbot, um einen offenen Bruch zu vermeiden. Und andererseits darf man sicher sein, daß Spinoza nichts that, um eine solche Katastrophe herauszufordern, so wenig er dieselbe fürchtete. Es lag nicht in seiner Natur, gewaltsame Scenen herbeizuführen; noch weniger aber lag es in diesem Charakter, der in der Liebe zur Wahrheit seinen Schwerpunkt hatte, jemals ein anderer zu scheinen, als er war. Jede Art der Heuchelei war ihm unmöglich. Nachdem er innerlich die Geistesgemeinschaft mit der Synagoge aufgegeben hatte, vermochte er nicht, sie noch äußerlich festzuhalten. Er wurde mit dem Besuch der Synagoge seltener und hörte auf ihren Cultus zu theilen. Diese stille Absonderung war das erste und zunächst einzige Zeichen, das er von seiner Geistesveränderung gab. Doch war er in den Augen der Synagoge selbst zu bedeutend, ein Gegenstand schon zu gewichtiger Hoffnungen, als daß seine Absonderung nicht hätte auffallen sollen. Man fürchtete, diesen vortrefflichen Kopf zu verlieren, vielleicht gar an die feindliche Religion.

Bedeutende Menschen erregen in dem Kreise, der sie umgiebt, immer den Neid solcher, die sie unwillkürlich verdunkeln, und die sich ungern in Schatten gestellt sehen. Gewiß waren unter den Glaubensgenossen Spinozas, namentlich unter den gelehrten, neidische Empfindungen genug erregt worden, die ihm auflauerten. Unter den Leidenschaften, die den Verfolgungsgeist anfachen und erhitzen, bleiben auch die niedrigen Beweggründe nie aus; darunter ist der Neid die niedrigste, die ungerechteste und zugleich die rührigste. Es scheint, daß man Spinoza zuerst aushorchen wollte, um seine eigentliche Gesinnung zu erforschen. Zwei angebliche Freunde übernahmen es aus freien Stücken oder auf höheren Wink, ihm die Schlinge zu legen. Sie brachten ihn in ein Gespräch über die Natur Gottes, die Unsterblichkeit der Seele, die Realität der Engel. Er sollte ihnen sagen, ob Gott körperlicher Natur, die Seele unsterblich, die Engel wirkliche Wesen seien. Spinoza suchte das Gespräch zu vermeiden, indem er ihnen antwortete: „Ihr habt ja Mosen und die Propheten!" Als man aber weiter und, wie es schien, mit wirklicher Wißbegierde in ihn drang, so erklärte er sich freimüthig und zeigte, wie man nach der Bibel Gott wohl als körperlich, die Engel als Phantome, die Seele als bloßes Lebensprincip ansehen dürfe. Man suchte ihn noch öfter auszuholen, aber er blieb verschlossen.

Jetzt kamen schlimme Gerüchte über seinen Glauben in Umlauf, er wurde als gottloser Frevler verschrieen, als Verächter des mosaischen Gesetzes, von dem er gesagt haben sollte, daß es nur auf politische Zwecke, nicht auf Erkenntniß Gottes und der Natur gegründet sei. Er wurde vor die Schranken des jüdischen Glaubensgerichtes gerufen, verhört, zur Buße aufgefordert und mit der Ercommunication bedroht. Der Rabbi Morteira soll selbst nach der Synagoge geeilt sein und nach vergeblichen Versuchen, Spinoza zu bekehren oder zum Widerruf zu bewegen, seinen Lieblingsschüler mit Verwünschungen überschüttet haben. Die einzelnen Züge, mit welchen diese Scene von Boulainvilliers erzählt wird, sind offenbar falsch und erfunden. Man darf erwarten, daß sich Spinoza in jenem Glaubensverhör mit der größten Entschiedenheit und ohne alle Furcht erklärt hat, aber nicht mit dem schülerhaften und frechen Trotz, den ihm jene Erzählung in den Mund legt. Alle Bekehrungsversuche und alle Drohungen, die man anwendete, schlugen fehl.

Man griff zu einem anderen Mittel, um ihn, wenn nicht dem Glauben, doch wenigstens dem Namen des Judenthums noch zu erhalten. Die Rabbiner boten ihm ein Jahrgehalt von tausend Gulden, wenn er Jude bleiben und bisweilen die Synagoge besuchen wollte. Diese Thatsache steht fest. Spinoza selbst hat sie öfters dem Maler van der Spijck erzählt, von dem sie Colerus gehört hat. Er setzte hinzu, daß er diese Anerbietungen nie angenommen haben würde, wenn sie auch zehnmal größer gewesen wären, denn er sei kein Heuchler und suche nicht Geld, sondern Wahrheit. Weder die Bekehrungsversuche noch die Drohungen noch die Bestechung konnten ihn bewegen. Schon waren die Leidenschaften gegen ihn dergestalt aufgeregt und erbittert, daß man anfing nach seinem Leben zu trachten. Wie Bayle berichtet, soll ihn beim Ausgang aus dem Theater ein Jude angefallen und mit einem Messerstich in das Gesicht verwundet haben. Spinoza selbst hat die Begebenheit anders erzählt, und so hat sie Colerus von dem Maler van der Spijck vernommen. Eines Abends, als er aus der alten portugiesischen Synagoge herausgetreten, habe er dicht neben sich einen Menschen mit dem Dolch in der Hand bemerkt; er sei auf seiner Hut gewesen und dem Stoße ausgewichen, der sein Kleid durchbohrt habe. Zum Andenken an dieses Erlebniß hat Spinoza das durchbohrte Kleid aufbewahrt. Diese so beglaubigte Thatsache ist nicht zu bezweifeln. Aber man möchte fragen, wie kam Spinoza dazu, mitten in diesen Conflicten noch die Synagoge zu besuchen? Seit dem Mordanfall konnte er sich in Amsterdam nicht mehr für sicher halten, und es ist wahrscheinlich, daß er schon damals eine Zuflucht außerhalb der Stadt gesucht hat.

Nachdem die Versuche, ihn zu gewinnen oder zu vernichten, fehlgeschlagen waren, blieb als letztes Mittel nur die Ausschließung aus der Gemeinde übrig, der förmliche Bannfluch. Die Form des jüdischen Anathems hat zwei Grade: Nidbui und Cherem oder Schammata. Der erste Grad verhängt eine Ausschließung auf gewisse Zeit, zunächst auf dreißig Tage, der zweite besteht in der moralischen Vertilgung und verflucht den Frevler zu jeglichem Unheil. Das Verbrechen, dessen Spinoza für schuldig galt, war die Blasphemie, die Verachtung des Gesetzes. Darum wurde der große Bann von dem Rabbi Isaak Aboab über ihn ausgesprochen. Näheres über die Sache hat Colerus nicht ermitteln können. Es ist ihm nicht gelungen, von den Söhnen des Rabbi die Urkunde der gegen Spinoza ausgesprochenen Bannformel zu erhalten; sie gaben vor, daß sie unter den Papieren ihres Vaters das Schriftstück nicht hätten auffinden können, aber es war klar, daß sie es nicht mittheilen wollten.

Erst in jüngster Zeit ist durch van Vlotens Bemühung das merkwürdige Dokument ans Licht gezogen worden. Es war Donnerstag den 27. Juli 1656, als in der alten Synagoge zu Amsterdam folgender Bannfluch über Spinoza verhängt wurde: „Die Herren des Vorstandes thun euch zu wissen, daß sie, schon längst kundig der frevelhaften Gesinnungen und Aeußerungen des Baruch de Espinoza, durch verschiedene Mittel und auch durch Versprechungen bemüht waren, ihn von seinen bösen Wegen abzulenken. Da sie aber nichts bei ihm ausrichten konnten, im Gegentheil seine durch That und Wort bekundeten schrecklichen Irrlehren und schamlosen Aeußerungen täglich mehr in Erfahrung brachten und dafür eine Menge glaubwürdiger Zeugen hatten, die in Gegenwart des genannten Espinoza ihr Zeugniß ablegten und ihn überführten, so haben sie vor den Herren Rabbinern dies alles geprüft und mit deren Zustimmung seine Ausstoßung aus dem Volke Israel unter folgendem Anathem beschlossen.

Nach dem Urtheil der Engel und Heiligen bannen, verstoßen, verdammen und verfluchen wir den Baruch de Espinoza mit der

Zuſtimmung Gottes und dieſer Gemeinde, im Angeſichte der heiligen Bücher mit den ſechshundertdreizehn darin enthaltenen Vorſchriften, mit dem Bann, den Joſua über Jericho ausgeſprochen, mit dem Fluch, womit Eliſa die Knaben verflucht hat, mit allen Flüchen, die im Buch des Geſetzes geſchrieben ſtehen: er ſei verflucht bei Tag und ſei verflucht bei Nacht! Er ſei verflucht, wenn er ſchläft, und ſei verflucht, wenn er aufſteht! Er ſei verflucht bei ſeinem Ausgang und ſei verflucht bei ſeinem Eingang! Der Herr wolle ihm nie verzeihen! Er wolle ſeinen Grimm und Eifer fortan gegen dieſen Menſchen lobern laſſen und ihn mit allen Flüchen beladen, die im Buche des Geſetzes geſchrieben ſtehen. Er wird ſeinen Namen vertilgen unter dem Himmel und wird ihn trennen zu ſeinem Unheil von allen Stämmen Iſraels mit allem, was verflucht iſt, im Buch des Geſetzes. Ihr aber, die ihr dem Herrn eurem Gotte anhängt, möget alle leben und gedeihen! Hütet euch, daß niemand ihn mündlich, niemand ſchriftlich anrede, niemand ihm etwas Gutes erweiſe, niemand mit ihm unter einem Dach, niemand vier Ellen weit von ihm ſtehen bleibe, niemand eine Schrift leſe, die er gemacht oder geſchrieben."

Spinoza war abweſend, als die Synagoge dieſe Verwünſchungen über ihn ergoß. Er empfing das Urtheil ſchriftlich und erwiderte es durch einen Proteſt in ſpaniſcher Sprache, der uns leider verloren iſt. Im Uebrigen ließ er die Sache, wie ſie lag. Er war in ſeine Gedanken vertieft und bekümmerte ſich wenig um die Bannflüche eines Glaubens, der ihm gänzlich werthlos geworden. Was galten ihm noch die Rabbiner gegen Descartes? In ihm hatte er den Lehrer gefunden, den ſein Geiſt und Wahrheitsſinn brauchte. Er hörte jetzt auf Jude zu ſein und vertauſchte den Namen Baruch mit dem gleichbedeutenden lateiniſchen Benedictus. So nennt er ſich in ſeinen Briefen und Schriften.

Wenn der Erzählung, aus der Boulainvilliers geſchöpft hat, zu trauen iſt, ſo war die Aufregung in der jüdiſchen Gemeinde nach der Ausſtoßung Spinozas keineswegs geſtillt und namentlich die Rachſucht der Rabbiner nicht befriedigt. Vor allen war es Morteira ſelbſt, der in der Verfolgung des abtrünnigen Jüngers ſich gar nicht genugthun konnte. Im Bunde mit den chriſtlichen

Geistlichen der Stadt, die in Spinoza einen Glaubensfrevler sahen und den Haß der Rabbiner theilten, habe Morteira die Obrigkeit von Amsterdam dazu gebracht, daß sie zur Aufrechthaltung der Ordnung und Autorität Spinoza auf einige Monate aus der Stadt verbannte. Colerus weiß nichts davon. Auch ist die Sache wenig glaubhaft, da Spinoza zur Zeit des Bannfluchs Amsterdam schon verlassen hatte. Von jetzt an lebte er in der tiefsten Einsamkeit. Während der nächsten Jahre von 1656—1660 wohnte er in der Nähe von Amsterdam in einem abgelegenen Landhause an der Straße nach Ouwerkerk, wo er bei einem Freunde gastliche Zuflucht fand. Dieser Freund gehörte zu den in den Niederlanden unterdrückten Protestanten, den Arminianern oder Remonstranten, welche die Synode von Dortrecht verdammt hatte. Bekanntlich waren unter den theologischen und kirchlichen Gegnern der Arminianer auch die Feinde Descartes' und seiner Schule. Eine zweite Synode von Dortrecht hatte in demselben Jahr den Cartesianismus verdammt, als die Juden Spinoza verstießen. Der verfolgte Jude fand ein Asyl bei dem verfolgten Christen. Viele Arminianer waren ausgewandert; die in den Niederlanden zurückgebliebenen bildeten eine stille Gemeinde ohne Geistliche, sie nannten sich Collegianten, hatten ihren Hauptsitz in Rhijnsburg bei Leyden, woher sie auch „Rhijnsburger" hießen, und vermischten sich später mit den arminianisch gesinnten Mennoniten. Der religiösen Denkweise dieser Leute, die sich ohne jede Art kirchlichen Zwanges strenge Sittenreinheit zur Pflicht machten, konnte sich Spinoza verwandt fühlen; es war die einzige religiöse Secte, mit der er noch in Berührung kam, und wo der Fluch seiner früheren Glaubensgenossen keinen Widerhall fand. Jene Schriften und Briefe, die van Vloten jüngst herausgegeben hat, sind in dem Waisenhause der Collegianten zu Amsterdam entdeckt worden.

Vielleicht ist die Sympathie, welche Spinoza für diese stille Gemeinde empfand, mit ein Beweggrund gewesen, daß er seinen Gastfreund nach Rhijnsburg begleitete und sich hier die nächsten Jahre aufhielt. Im April des Jahres 1663 begab er sich nach Voorburg beim Haag, wo er im Hause des Malers Daniel Tydeman wohnte und bis in den Herbst 1669 blieb. Dann ließ er sich auf die Bitten seiner Freunde im Haag selbst nieder. Hier wohnte er zuerst auf dem Veerkaai in Pension bei der Wittwe van de Werwe,[1] in einem kleinen Stübchen des zweiten Stockwerks ganz am Ende des Hinterhauses. In demselben Zimmer hat später Colerus gewohnt und die Biographie Spinozas geschrieben. Um sich ökonomisch noch mehr einzuschränken, als das Leben in der Pension ihm erlaubte, zog er in das Haus des Malers Heinrich van der Spijck (1671), wo er selbst seinen kleinen Haushalt besorgte. Hier ist er bis zu seinem Tode geblieben.

Kehren wir jetzt zu der Bildungsgeschichte des Philosophen zurück, die wir in ihrem jüdischen Verlaufe kennen gelernt haben.

VI.

Wir können nicht genau bestimmen, in welchem Zeitpunkte Spinoza mit den Werken Descartes' bekannt wurde. Gewiß ist, daß er in der Rhijnsburger Zeit bereits über den Meister hinausgegangen und mit dem Hauptwerk der eigenen Lehre beschäftigt war. Schon im Jahre 1661, also in der ersten Zeit seines Aufenthaltes in Rhijnsburg, schickte er seinem Freunde Heinrich Oldenburg in London ein Bruchstück der Ethik. Und zwei Jahre später finden wir, daß einer seiner Freunde in Amsterdam, die gleichsam eine kleine Spinozagemeinde bildeten, darunter Simon de Vries, die Ethik in der Handschrift lesen.[2]

Nehmen wir nun an, daß offenbar mehrere Jahre nöthig waren, um Descartes zu studiren, zu durchbringen, selbst den höheren Standpunkt zu gewinnen und auszubilden, so werden wir nicht zu weit zurückgreifen, wenn wir den Anfang seiner cartesianischen Studien in die letzte Zeit der rabbinischen verlegen und dem Zerwürfniß mit der Synagoge voraussetzen. Bloße Zweifel, die in ihm aufgetaucht waren, hätten ihm den Rabbinern gegenüber eine so feste und unerschütterliche Haltung nicht geben können, als womit er ihre Belehrungsversuche scheitern ließ, ihre Versprechungen ablehnte, ihre Drohungen und Flüche ruhig hinnahm und ertrug. Er war kein

---

[1] Colerus nennt sie „van der Velden"; van Vloten hat den richtigen Namen festgestellt.

[2] Ueber den «tractatus brevis», dessen Ursprung, Inhalt und Bedeutung vgl. meine Geschichte der neueren Philos. I. 2. Th. (3. Aufl.) S. 204—242.

schwankendes Rohr, wie Uriel da Costa! Seine Zweifel hatten die sichersten Stützpunkte, sie waren unumstößlich und seine Ueberzeugungen gewiß, als er dem Judenthum absagte. Damals schon war sein Kopf von den Ideen Descartes' erfüllt und geläutert. Er trug eine lichte Welt in sich und ließ es ruhig geschehen, daß die trübe Welt ihre Blitze nach ihm schleuderte.

Aber das Studium der Werke Descartes', namentlich der beiden grundlegenden, der Meditationen und Principien, setzte die Kenntniß der lateinischen Sprache voraus. Spinoza mußte diese Sprache schon verstehen, um die Hauptschriften Descartes' leicht und schnell zu durchdringen; er mußte sie wie eine zweite Muttersprache sich angeeignet haben, um selbst seinem Zeitalter und der Welt ein Lehrer der Philosophie werden zu können. Und er hat sich diese Bildung in einem bewunderungswürdigen Grade erworben. Denn die lateinische Form seiner Schriften ist so klar und durchsichtig, dem Inhalte jedesmal so vollkommen entsprechend und angemessen, in ihrem Gepräge so sicher und fest, daß sie in ihrer Art mustergültig genannt werden darf.

Wenn wir nun seine cartesianischen Studien schon unter den Motiven erblicken, die den Bruch mit dem Judenthum und der Synagoge entschieden haben, so müssen wir annehmen, daß die lateinische Bildung Spinozas diesem Zeitpunkte vorausgeht. In seinem fünfzehnten Jahre ist er ein ausgemachter Talmudist; bis dahin war seine Bildung ungetheilt jüdisch. Er steht in seinem vierundzwanzigsten Jahre, als ihn die Synagoge verdammt und sein Geist schon in den Ideen Descartes' lebt. In die Zwischenzeit fällt sein lateinischer Bildungsgang, der natürlich außerhalb der Rabbinenschule gemacht wurde. Er lernte die Sprachen leicht und hatte einen nicht geringen Umfang in der Kenntniß und dem Gebrauch fremder Idiome. Von den neueren verstand er portugiesisch, spanisch, italienisch, französisch, holländisch und deutsch. Dazu kam die vorzügliche Kenntniß des Hebräischen, worin er selbst eine Grammatik auf neuen Grundlagen entwarf; dazu die lateinische Sprache. Das Interesse für die letztere führte ihn in die Schule eines Mannes, der nicht blos seine lateinische Bildung gefördert, sondern auch seine wissenschaftliche Geistesentwicklung beeinflußt hat, in deſſen Umgange ſeine Abneigung gegen das Judenthum genährt und Spinoza vielleicht zuerſt auf die Philoſophie und Descartes hingewieſen wurde.

Den erſten lateiniſchen Unterricht empfing er von einem Deutſchen, deſſen Name unbekannt iſt. Die höhere lateiniſche Bildung verdankt er dem Arzt Franz van den Ende in Amſterdam, der als gelehrter Humaniſt bekannt und als philologiſcher Lehrer allgemein geſucht war. Die reichſten Leute der Stadt ließen ihre Söhne von ihm unterrichten. Die Liebe zur Litteratur des claſſiſchen Alterthums, worin er ſich heimiſch fühlte, hatte im Bunde mit den Naturwiſſenſchaften, die er als Arzt betrieb, den Geiſt dieſes Mannes dem römiſch-katholiſchen Glauben, in dem er geboren war, ganz entfremdet. Er war ein Freigeiſt, der nicht blos durch ſeine humaniſtiſche Bildung, ſondern auch durch ſeine naturaliſtiſche Denkweiſe auf die Gemüther ſeiner Zöglinge einwirkte. Sein Unterricht wurde verdächtig, und man entdeckte endlich, ſagt Colerus, daß er in den jungen Leuten, die man ihm anvertraut hatte, den Samen des Atheismus ausſtreute. „Das iſt eine Thatſache", fügt er hinzu, „die ich, wenn es nöthig ſein ſollte, durch das Zeugniß mehrerer ehrbarer Leute, die noch leben, beweiſen könnte. Dieſe guten Seelen ſegnen noch heute ihre Eltern im Grabe dafür, daß dieſe ſie den Händen eines ſo verderblichen und gottloſen Lehrers entzogen und bei Zeiten der Schule des Satans entriſſen haben." Es iſt nach alle dem ſehr wahrſcheinlich, daß Spinoza unter dem Einfluſſe dieſes Mannes ſich nicht blos im Latein vervollkommnete, ſondern zugleich zu der Richtung auf die Naturwiſſenſchaften angeregt wurde, die ihn zu Descartes hinführte. Von ſeiner hebräiſchen zu ſeiner carteſianiſchen Bildung iſt durch die lateiniſche der Uebergang vermittelt, und hier iſt in dem Leben Spinozas der Einfluß des Franz van den Ende wichtig geweſen[1].

---

[1] Boulainvilliers erzählt, daß van den Ende ſein Haus und ſeinen Unterricht dem Spinoza unter der Bedingung angeboten habe, daß dieſer ihn ſpäter als Hülfslehrer unterſtützen ſollte, nachdem er die dazu nöthige Bildung erreicht haben werde. Sein Haus kann van den Ende ihm wohl nur als Aſyl in dem Zeitpunkte, wo Spinoza einer ſolchen Zuflucht bedurfte, angeboten haben, d. h. nach dem Bruch mit der Synagoge. Dieſe

Die letzten Lebensjahre des gelehrten Arztes waren abenteuerlich und sein Ende sehr tragisch. Nachdem er in Holland, wahrscheinlich durch den Ruf eines Atheisten, in den er gekommen war, die Geltung bei den Leuten und seinen Lebensunterhalt verloren hatte, ging er nach Frankreich, wo er einige Zeit sein medicinisches Geschäft trieb und zuletzt wegen eines politischen Verbrechens am Galgen endete[1]. Ein Gerücht ging, daß er ein Attentat auf das Leben des Dauphin gemacht habe. In Wahrheit hatte er an einer politischen Verschwörung theilgenommen, welche die Normandie und die Bretagne insurgiren und den Holländern ausliefern wollte. Rohan und La Truaumont standen an der Spitze und brauchten als Werkzeug, wie de la Fare in seinen Memoiren erzählt, „einen holländischen Schulmeister". Van den Ende hatte wohl die patriotische Absicht, dem Könige von Frankreich, der damals die Niederlande bekriegte, in seinem eigenen Reich eine Diversion zu machen.

Spinoza fand in dem Hause seines Lehrers außer den Bildungsinteressen und Anregungen, die er empfing, noch eine andere Anziehungskraft, die sein Herz ergriff. Van den Ende hatte eine einzige Tochter Clara Maria, die an der gelehrten Bildung ihres Vaters theilnahm und die lateinische Sprache so vortrefflich verstand, daß sie in Abwesenheit des Vaters die Zöglinge selbst unterrichten konnte. Sie war nicht schön, aber geistvoll, fähig, heiteren Sinnes, kundig der Musik, und diese Reize gewannen die Liebe Spinozas. Er selbst hat es später oft bekannt, daß er sie geliebt und die Absicht gehabt habe, sie zu heirathen.

Einladung setzt offenbar eine nähere Bekanntschaft zwischen beiden voraus, die wohl nur stattfinden konnte, wenn Spinoza schon eine Zeit lang in der Schule van den Endes gewesen war. In keinem Falle kann sein Verhältniß zu dem gelehrten Arzt erst nach dem Bruch mit der Synagoge begonnen haben, denn damals war sein Wohnort nicht mehr Amsterdam, auch nicht kurz vorher, denn sonst wäre der Zeitraum für seine lateinische Bildung nicht ausreichend. So ist auch in diesem Punkte die Erzählung, aus der B. geschöpft hat, unsicher und verworren. In dem Zeitpunkte, wo van den Ende sein Haus als Asyl dem verstoßenen Spinoza anbieten konnte, ist es unmöglich, daß er ihm erst seinen Unterricht angeboten hat.

[1] Im November 1674, wie Leibniz in seiner „Theodicee" berichtet.

In einem andern Schüler van den Endes, Namens Kerckrinck, hatte er einen Nebenbuhler, der mit Hülfe eines Halsbandes, das er seiner Lehrerin schenkte, den Preis davontrug. Sie wurde Kerckrincks Frau, nachdem dieser zum Katholicismus übergetreten. So erzählt Colerus die Sache mit Hinweisung auf Bayle und Sebastian Kortholt. Der letztere weiß nichts von einer Liebe Spinozas, sondern nur, daß er im Latein von einem Mädchen unterrichtet worden sei zugleich mit Kerckrinck aus Hamburg, der später die Lehrerin geheirathet habe. Dagegen sagt Colerus nicht ausdrücklich, daß Spinoza ihr Schüler gewesen sei, sondern nur, daß er sie häufig zu sehen und zu sprechen Gelegenheit gehabt und so die Neigung zu ihr gefaßt habe. Freilich scheint es, daß auch Colerus das Zusammensein beider sich mit dem Unterrichte Spinozas in Verbindung gedacht hat.

Ein Theil dieser Erzählung zerfällt in nichts vor den chronologischen Thatsachen, die neuerdings van Vloten aus den Heirathsregistern von Amsterdam erhoben hat. Die Ehe zwischen Dirck Kerckrinck und Clara Maria van den Ende wurde den 5. Februar 1671 geschlossen. Damals war Kerckrinck zweiunddreißig Jahr alt und seine Braut siebenundzwanzig. Demnach war zur Zeit des Bannfluchs Clara Maria erst zwölf Jahre; nach dieser Zeit aber kann van den Ende nicht mehr Spinozas Lehrer gewesen sein: also ist es unmöglich, daß dessen Tochter jemals seine Lehrerin war. Ja es ist sogar schwer, für die Liebe Spinozas selbst die Zeit ausfindig zu machen. So lange er in Amsterdam lebte, war die Tochter van den Endes ein Kind; als er die Nähe Amsterdams für immer verließ, war sie sechszehn Jahr alt. Da nun Spinoza selbst, wie Colerus gewiß glaubwürdig berichtet, öfter von seiner Neigung gesprochen hat, so müssen wir annehmen, daß er nach dem Bannfluch und nach seiner Entfernung von Amsterdam noch längere Zeit hindurch besuchsweise im Hause des van den Ende verkehrte. Von jenem Landhause aus zwischen Amsterdam und Ouwerkerk war der Verkehr mit den Freunden in Amsterdam leicht, und er ist in den Jahren von 1656—1660, wo er sich dort aufhielt, gewiß oft nach der Stadt gekommen. Auch wissen wir aus seinen Briefen, daß er von Rhijnsburg und Voorburg aus Reisen nach Amsterdam machte und dort wochenlang blieb. So im Herbst 1661, im April 1663,

Ende März 1665. In diesen Jahren muß Spinoza die Neigung ernsthaft gefaßt und an eine Verbindung mit der Tochter seines Lehrers gedacht haben. Ich glaube, es war im Frühjahr 1663. Merkwürdig aber, daß in seinen Briefen der Name van den Ende nirgends vorkommt.

Das Glück dieser Liebe, wenn Spinoza jemals leidenschaftlich davon ergriffen war, ist ein flüchtiger Traum gewesen, dem schnell die Entsagung für immer folgte; sie war für das Gemüth dieses Mannes kein schweres Schicksal, sondern die ihm gemäße dauernde Grundstimmung. In einem solchen Gemüth haben die Leidenschaften keine stürmische und niederschlagende Herrschaft. Man darf sich die Liebe und die Entsagung Spinozas nicht nach Art sentimentaler Empfindungen vorstellen. Die Leiden der Liebe passen nicht für diesen Kopf; er ist zu hell, um von solchen Affecten verdunkelt zu werden. Darum ist diese Liebe kein glücklicher und ergiebiger Gegenstand für einen Roman, denn um daraus eine empfindsame Herzensgeschichte zu machen, muß man den Kopf Spinozas außer Acht lassen. Was aber bleibt dann von Spinoza für den Roman übrig?

VII.

Die Mittel waren erschöpft, welche seine Feinde aufzubieten vermochten: sie hatten nach einander versucht die Bestechung, den Meuchelmord, das Anathem und die Verbannung, die er genöthigt wurde freiwillig zu wählen, wenn man nicht förmlich ein Edict dieser Art gegen ihn aussprach). Nie ist ein selbstständiges Leben schwerer erkämpft, nie reiner und stiller geführt worden als hier, wo ein Mensch mit seinen Eltern, seiner Gemeinde, seinem Glauben und dem gewöhnlichen Glücke des Lebens brechen mußte, um seinen Gedanken leben zu können, und diese Schicksale insgesammt so hinnimmt und erträgt, daß seine Gemüthsruhe nicht darunter leidet.

Die ererbte Religion hat ihn verworfen und er sie. Einem andern Glauben tritt er nicht bei, keiner der in der Welt geltenden Religionen gehört er mehr an, auch nicht äußerlich dem Scheine nach, denn er verschmäht den Schein; er hat die Grundlagen verlassen, auf denen die menschlichen Gemeinschaften ruhen, er ist wie losgerissen von dem Bande der menschlichen Gesellschaft: er ist vollkommen unabhängig und vollkommen einsam! Diese Unabhängigkeit und diese Einsamkeit hat er sich bis zum letzten Athemzuge gewahrt, nachdem er sie dem Schicksale mit unbeugsamer Beharrlichkeit abgerungen. Sie waren sein einziges und größtes Gut, die Lebensform, in der sein Geist sich wohl fühlte, der einfache und echte Ausdruck seines Charakters.

Bis in die kleinsten Züge auch der äußeren Lebensart hinein hat sich dieser Charakter so fest und bestimmt ausgeprägt, daß man überall dieselbe einfache und lautere Grundform wiedererkennt. Er mußte selbst seinen Lebensunterhalt verdienen als erste Bedingung eines unabhängigen Daseins; denn was hilft alle Geistesfreiheit, wenn man ohne fremde Hülfe nicht existiren kann? Eine weise Vorschrift empfiehlt den jüdischen Schriftgelehrten, zur Nebenbeschäftigung ein Handwerk oder eine mechanische Kunst zu lernen, in deren Ausübung sie sich von den geistigen Anstrengungen der Schriftforschung erholen können. Zu diesem Zweck hatte Spinoza freilich nicht mehr nöthig, jene Vorschrift zu erfüllen. Er brauchte neben der Philosophie, die sein innerer und wahrer Beruf war, ein Geschäft, das ihn ernährte; und er wußte dasselbe mit seinen mathematischen und naturwissenschaftlichen Interessen gut zu vereinigen, da er die Kunst optische Gläser zu schleifen erlernte, mit der sich auch Descartes unter den Vorstudien zu seiner Dioptrik viel und eifrig beschäftigt hatte.[1] Er soll, wie Colerus versichert, ein sehr geschickter Optikus gewesen sein, sobaß seine Gläser gesucht waren und noch aus seinem Nachlasse theuer verkauft wurden. Als Liebhaberei betrieb er die Zeichenkunst und soll sich gern im Porträt versucht haben, natürlich nicht um ein Geschäft daraus zu machen. Colerus selbst hat ein Heft solcher Handzeichnungen gesehen, eine Art Album, worin Spinoza Personen seiner Bekanntschaft abgebildet hatte, unter anderen sich selbst, und zwar als Masaniello! In einer heiteren Laune hat er die eigenen Züge dem Bilde des neapolitanischen Fischers geliehen, der die Welt von sich reden machte, als Spinoza fünfzehn Jahr alt war.

---

[1] Meine Geschichte der neueren Philosophie (dritte Aufl.). Bd. I. Th. I. S. 176 ff.

Man kann nicht unabhängig sein, wenn man eigennützig ist. Denn der Eigennutz ist gewinnsüchtig und liebt den Gewinn am meisten, welcher ihm ohne Mühe als Geschenk zufließt. Nichts wird dem Eigennützigen leichter als das Annehmen, das Existiren auf fremde Kosten, womit unwillkürlich dem Empfänger sich Verpflichtungen aufdrängen, welche die Unabhängigkeit gefährden. Selbst wenn mit den Wohlthaten und Gunstbezeugungen anderer gar keine Verpflichtungen verbunden sind, so verliert man doch in den eigenen Augen das sichere Bewußtsein seines unabhängigen Daseins. Darum ist ein feines Gefühl eigener Unabhängigkeit so spröde gegen das Annehmen fremder Gunst.

Ich will damit nicht sagen, daß Spinozas vollkommene Uneigennützigkeit nur seiner Unabhängigkeit dienen wollte, aber sie kam dieser zu gute und war selbst in seiner Natur begründet, die nichts von den Dingen begehrte, die dem menschlichen Eigennutze wichtig sind. Sogar gegen die wohlgemeinten Anerbietungen seiner Freunde verhielt er sich ablehnend. Einer seiner treuesten Freunde und Schüler war Simon Vries in Amsterdam. Dieser bot ihm ein Geschenk von zweitausend Gulden, das Spinoza zurückwies, weil er es nicht brauchen könne und ihm der Besitz unbequem sein würde. Als Simon Vries dem Tode nahe war, wollte er, selbst kinderlos und unverheirathet, seinen Freund zum einzigen Erben seines Vermögens einsetzen; Spinoza schlug die Erbschaft aus und bat, daß er sie dem eigenen Bruder hinterlassen möge, und selbst das kleine Jahrgehalt, welches der Bruder ihm zahlen sollte, setzte er auf eine weit geringere Summe herunter. Das väterliche Erbtheil machten ihm die Schwestern streitig. Er ließ sein Recht gerichtlich entscheiden, und nachdem es festgestellt war, schenkte er den Schwestern freiwillig seinen Antheil. Einst bat ihn einer seiner Freunde, der ihn ärmlich gekleidet fand, ein besseres Kleid von ihm anzunehmen; Spinoza dankte mit den Worten: wozu eine kostbare Hülle für ein werthloses Ding?

Er verdiente so viel, als er brauchte. Mehr wollte er nicht haben, und er brauchte unendlich wenig. Es giebt für die äußere Unabhängigkeit keinen besseren Schutz als die Bedürfnißlosigkeit. Diese Tugend besaß Spinoza im höchsten Grade. In dieser Rücksicht erinnert er an die Vorbilder großartiger Einfachheit unter den Philosophen des Alterthums. Man hat ihm nachgerechnet, daß sein täglicher Lebensunterhalt kaum zwölf Kreuzer kostete. Seine Oekonomie war die sparsamste. Den geringen Haushalt, den er in den letzten Jahren selbst führte, hielt er sorgfältig geordnet, und die kleinen Schulden, die während eines Vierteljahrs aufliefen, wurden pünktlich mit dem Tage bezahlt. Auch seine Kleidung war arm und eher vernachlässigt, als gepflegt. Wer sorgenfrei sein will, muß bedürfnißlos sein können. Spinoza hatte sein Leben auf das kleinste Maß menschlicher Bedürfnisse zurückgeführt und sich dadurch fähig gemacht, sich ganz der Erkenntniß der Wahrheit hinzugeben. Was er sich in der That sparen wollte, war nicht Geld, sondern Bedürfnisse und Sorgen, die den Geist gefangen nehmen und in einen elenden Zustand bringen. Seine Lebensart war die richtige Methode, um die Gemüthsruhe zu sichern und sich in kürzester Form mit der Welt abzufinden.

In dem Verkehr mit seinen Hausgenossen war er freundlich und sanft, theilnehmend an ihren Schicksalen, keinem jemals lästig, in seinen Gesprächen mild und friedfertig. In diesem Sinne liebte er es, mit seinen Hausfreunden bisweilen über die Sonntagspredigt zu sprechen, die sie gehört hatten. Die Hauptsache in der Religion sei ein frommes, friedfertiges und ruhiges Leben. Auf diesen Satz kam er gern zurück und ließ im Uebrigen die Glaubensvorstellungen der anderen unangefochten. Ich gebe mit den Worten des Colerus ein kleines Bild seines häuslichen Stilllebens. „Er blieb den größten Theil des Tages ruhig auf seinem Zimmer. Wenn er sich bisweilen von seinen tiefen Meditationen zu ermüdet fand, so kam er herunter, um sich zu erholen, und sprach mit den Hausgenossen von den gewöhnlichsten Dingen, selbst von Kleinigkeiten. Manchmal zerstreute er sich bei einer Pfeife Tabak, oder wenn er sich eine etwas längere Erholung gönnen wollte, so fing er Spinnen, die er mit einander kämpfen ließ, oder Fliegen, die er in ein Spinnennetz warf, und betrachtete dann den Kampf dieser Thiere mit so viel Vergnügen, daß er bisweilen laut lachte. Er beobachtete auch die Theile der kleinsten Insecten unter dem Mikroskop und zog daraus Schlüsse, die seinen physikalischen Einsichten dienten."

Wie er seine Armuth bewahrt hat und nicht gegen die Erbschaft des reichen Freundes vertauschen wollte, so blieb er auch seiner Einsamkeit treu, als ihm wenige Jahre vor seinem Tode durch einen ehrenvollen Ruf eine öffentliche philosophische Wirksamkeit angeboten wurde. Der Kurfürst Karl Ludwig von der Pfalz, der Bruder jener geistvollen und gelehrten Fürstin, der Descartes sein Hauptwerk gewidmet hatte[1], wünschte Spinoza für seine Landesuniversität Heidelberg zu gewinnen. Er ließ durch den Professor Fabricius dem Philosophen im Haag den Lehrstuhl der Philosophie in Heidelberg antragen unter Ausdrücken der größten Anerkennung. Fabricius schrieb den 16. Februar 1673 an Spinoza: „Seine Durchlaucht der Kurfürst von der Pfalz, mein gnädigster Herr, hat mir befohlen, an Sie, der Sie mir zwar bisher nicht bekannt, aber bei Seiner Durchlaucht vorzüglich empfohlen sind, zu schreiben und anzufragen, ob Sie an seiner berühmten Universität eine ordentliche Professur der Philosophie anzunehmen geneigt wären. Sie werden die Jahresbesoldung der ordentlichen Professoren erhalten. Nirgends wo anders können Sie einen Fürsten finden, der ausgezeichneten Geistern, unter deren Zahl er Sie rechnet, günstiger gesinnt ist. Auch werden Sie die vollste Freiheit zu philosophiren haben und dieselbe nach dem Vertrauen des Fürsten nicht zur Störung der öffentlich geltenden Religion mißbrauchen. Ich füge nur noch hinzu: wenn Sie hierher kommen, so werden Sie sich eines echt philosophischen Lebens erfreuen; es müßte denn alles anders ausfallen, als wir hoffen und erwarten."

In der That kam die Sache anders, denn Spinoza lehnte den Ruf ab. Er antwortete den 30. März 1673: „Wenn ich jemals den Wunsch gehabt hätte, ein akademisches Lehramt zu übernehmen, so hätte ich kein anderes wünschen können, als welches Seine Durchlaucht der Kurfürst von der Pfalz mir durch Sie anbietet, besonders wegen der Freiheit zu philosophiren, die mir der Fürst einzuräumen geruht, um davon zu schweigen, daß ich mir schon längst gewünscht habe, unter der Herrschaft eines Fürsten zu leben, dessen Weisheit alle Welt preist. Da ich nun aber niemals die Neigung gehabt

---

[1] Ebendaselbst S. 190—195.

habe, öffentlich zu lehren, so kann ich mich nicht dazu entschließen, diese vorzügliche Gelegenheit zu ergreifen, obwohl ich die Sache lange bei mir erwogen habe. Mein erstes Bedenken ist, daß ich der Fortbildung der Philosophie entsagen muß, wenn ich meine Zeit dem Unterricht der akademischen Jugend widme. Dann ist ein zweites Bedenken, daß ich nicht weiß, in welche Grenzen jene Freiheit zu philosophiren eingeschlossen sein soll, damit man nicht meine, daß ich die öffentliche Religion stören wolle. Denn der Zwiespalt entspringt nicht aus dem feurigen Eifer für die Sache der Religion, sondern aus den mannichfachen Leidenschaften und dem zanksüchtigen Eifer der Leute, die alles, auch das richtig Gesagte, zu verkehren und zu verdammen pflegen. Da ich alle diese Erfahrungen schon in meinem privaten und einsamen Leben gemacht habe, so würde ich sie in einer solchen öffentlichen Stellung noch viel mehr zu befürchten haben. Es ist also nicht, wie Sie sehen, die Hoffnung auf ein besseres äußeres Lebensloos, die mich zurückhält, sondern die Liebe zur Ruhe, die ich noch einigermaßen bewahren zu können glaube, wenn ich mich aller öffentlichen Lehrthätigkeit enthalte."

Eine Empfindung war ihm ganz fremd: die Todesfurcht, dieser größte Feind der menschlichen Seelenruhe. Und da er von ihr frei war, so war er überhaupt furchtlos. Sein sittlicher Muth war so stark und unerschütterlich, daß der körperlich schwache und von einer langwierigen Krankheit angegriffene Mann selbst vor äußeren, sinnbetäubenden Gefahren nicht zurückbebte. Er gab davon eine merkwürdige Probe, die van der Spijk miterlebt und dem Colerus erzählt hat. Man sollte nicht meinen, daß Spinoza, der so still für sich lebte, allen Welthändeln entrückt, jemals einem mordgierigen Pöbelauflauf hätte ausgesetzt sein können. Aber der Pöbel ist stets derselbe, ein wüster Haufe blinder Leidenschaften.

Es war die Zeit des französisch-niederländischen Krieges, der die Gemüther in Holland aufs äußerste gegen die republikanische Partei und alle vermeintlichen Franzosenfreunde erbitterte. Der Name „Franzosenfreund" genügte, um gesteinigt zu werden. Im Juli des Jahres 1672 hatte der Pöbel im Haag die Brüder de Witt, die Häupter der Republikaner, in Stücke gerissen. Nun traf es sich im folgenden Jahr, daß der Oberst eines französischen Regiments in Utrecht, Namens Stoupe, der sich für Spinozas Schriften und besonders für den jüngst erschienenen theologisch-politischen Tractat interessirte, den Philosophen einlud, nach Utrecht zu kommen, um die Bekanntschaft des Prinzen Condé zu machen. Als Spinoza von dieser Reise zurückkehrte, hatte sich im Haag das Gerücht verbreitet, er sei ein französischer Spion, der in verrätherischen Absichten mit dem Feinde des Landes heimliche Unterhandlungen pflege. Schon hörte man die Terroristen sagen, man müsse ihn umbringen. Der Maler van der Spijck war in der größten Sorge, daß seinem Hause ein Pöbelsturm bevorstehe. Der Einzige, der ruhig blieb und ihn tröstete, war Spinoza. „Fürchten Sie nichts", sagte er; „sobald das kleinste Geräusch sich an der Thür Ihres Hauses bemerkbar macht, werde ich hinausgehen und geradezu unter die Leute treten, wenn sie mich auch ebenso behandeln sollten, als die armen Gebrüder Witt. Ich bin ein guter Republikaner und habe stets nur den Ruhm und Vortheil des Staates im Auge gehabt."

Der Kern und Inhalt seines Lebens waren seine einsamen und tiefen Meditationen. Auch darin zeigte sich dieser unabhängige Geist, daß ihn die eigenen Gedanken weit mehr als fremde beschäftigten und er daher wenig las. Wenn er in der Stille seines Studirzimmers allein mit seinen Gedanken sein konnte, war Spinoza ganz er selbst. Da war er glücklich und frei. Die Einsamkeit gehörte zu seiner Natur. Oft blieb er Tage lang, ohne jemand zu sehen, ohne auch nur sein Zimmer zu verlassen. Seine philosophischen Arbeiten schrieb er zum größten Theil während der Nacht.

In diesem Manne war der Geist seiner Lehre völlig personificirt. Er hatte sich von den Begierden und Leidenschaften ganz befreit, weil er sie ganz durchschaut hatte. So war er seiner selbst vollkommen mächtig, in seiner Geistesklarheit stets ungetrübt, von keinem Affect überwältigt, nie ausgelassen, weder in der Freude noch im Schmerz. Er war, wie die Wahrheit selbst, ernst. Es giebt eine Tiefe der Einsicht, mit der sich die Lebenslust nicht mehr verträgt, weil der fröhliche Schein der Dinge diese Einsicht nicht mehr blendet. „Nur der Irrthum ist das Leben." Tiefe und echte Menschenkenner, zu deren sehr geringer Zahl Spinoza gehörte, bekommen leicht einen schwermüthigen Zug, der nicht trauriger oder finsterer Art ist, denn diese Gemüther sind zu klar, um getrübt zu werden, aber sie können nicht anders als die gewöhnliche Welt- und Lebenslust tief unter sich sehen als ein fremdes und verworrenes Treiben. Daher die unwiderstehliche Neigung zur Einsamkeit, die sich unwillkürlich mit dieser Gemüthsart verbindet und einen ihrer Grundzüge ausmacht. Wer die menschliche Natur in Wahrheit durchschaut, der wird sie in ihren einfachsten und schlichtesten Formen am liebsten ertragen, ihren Irrthümern und Blendungen nicht zürnen, und nur in einem Fall wird es ihm schwer sein, sie nicht rücksichtslos zu verwerfen: wenn sie absichtlich täuschen will, wenn sie, innerlich hohl, einen falschen Schein annimmt, wenn sie aufhört wahr zu sein und heuchelt, als ob der Menschenkenner sie nicht durchblickte. Jede Art der Heuchelei, die so weit reicht und so viele Formen annimmt, als die Sucht zu täuschen, ist dem Menschenkenner gegenüber unverschämt. Und gegen diese Unverschämtheit der Lüge ist Spinoza stets unerbittlich gewesen. Diesen Unwillen, der aus dem Kern seiner Wahrheitsliebe entsprang, hat er nicht bemeistern wollen, nicht zurückhalten können, denn dies wäre ihm wider die Natur gegangen. Seine Ausdrücke werden stechend, wenn ihn diese Art der Lüge herausfordert. So schrieb er den Brief an Albert Burgh, als dieser, sein früherer Schüler, der in Italien zum Katholicismus bekehrt worden, sich herausnahm, ihn selbst in einem Briefe, der im Tone einer ungeschickten Strafpredigt gehalten war, bekehren zu wollen. Und ich kann mir denken, daß Spinoza zwanzig Jahre früher, als er es mit den Rabbinern zu thun hatte, — einmal von diesen herausgefordert und überzeugt, wie er war, von der inneren Unwahrheit des mosaischen und talmudistischen Judenthums — eine so entschiedene und zurückweisende Haltung annahm, daß den Männern der Synagoge nichts übrig blieb als die Verwünschung.

Still und ruhig, wie er gelebt hat, war sein Ende, frei von allen Schrecken und aller Furcht des Todes. Die Entsagung, welche der Tod uns aufdrängt, und die der menschlichen Schwäche und Lebensliebe so schwer fällt, war in ihm längst eine freiwillige und willkommene. Wenn in dieser Entsagung, in der innern Abwendung von der Lebenssucht und von den Begierden, die sich mit klammernden Organen an die Welt halten, die sittliche Form des Sterbens besteht, so war diese Gemüthsverfassung unserem Philosophen vollkommen gewohnt und vertraut. Sein Leben war, wie Sokrates das Sterben erklärt hat. Und er ist, wie Sokrates, so ruhig und unverändert in seiner gewohnten Haltung der letzten Stunde entgegengegangen.

Seit mehr als zwanzig Jahren war er brustkrank, und sein körperliches Aussehen trug die unverkennbaren Spuren der abzehrenden Krankheit. Aber er sprach von seinen Leiden nicht mit anderen, er klagte nie, er wollte auch leidend kein Gegenstand fremder Hülfe sein, um niemand lästig zu werden. So ahnten selbst seine Hausgenossen nicht, wie nah ihm der Tod bevorstand. In gewohnter Weise war er Abends zu diesen herabgestiegen und hatte sich über die Fastenpredigt, die sie eben gehört, lange mit ihnen unterhalten. Zeitiger als sonst ging er zur Ruhe. Den folgenden Tag, es war Sonntag der 23. Februar 1677, kam er früh vor der Kirche noch einmal herab, um seine Hausfreunde zu sprechen. Inzwischen war auf einen Brief Spinozas der ihm befreundete Arzt Ludwig Meyer aus Amsterdam angekommen, der mit ärztlicher Fürsorge dem leidenden Freunde zur Hand ging und unter anderen Anordnungen, die er traf, noch die Hausleute bat, einen Hahn zu schlachten, damit Spinoza zu Mittag die Brühe genießen könne. Es geschah, und er aß noch mit gutem Appetit. Als van der Spijck und seine Frau aus dem Nachmittagsgottesdienste nach Hause zurückkehrten, hörten sie, daß Spinoza gegen drei Uhr gestorben sei. Niemand war in seiner Todesstunde bei ihm als jener Arzt aus Amsterdam, der noch denselben Abend zurückreiste. Dies haben über die letzten Stunden Spinozas Hausleute mehr als einmal dem Colerus erzählt und die Versicherung hinzugefügt, daß alle anderen Gerüchte nichts als Lügen wären.

Was Menagius berichtet, daß Spinoza nach Frankreich gereist, von dem Minister Pomponne aus Religionseifer mit der Bastille bedroht worden, deshalb, als Franziskaner verkleidet, eiligst geflohen und nach seiner Rückkehr aus Angst vor der Bastille gestorben sei, — diese Lügen erwähne ich als Lügenbeispiel; sie sind aus der Quelle geschöpft, woraus Menagius auch wissen will, daß auf dem Angesichte Spinozas das Zeichen der Verwerfung gestanden habe.

Wenn er nicht aus Furcht gestorben ist, so sei er, wie ein anderes Gerücht aussagt, in Furcht gestorben und habe wiederholt zu Gott geseufzt: „Gott erbarme sich meiner, er sei mir armen Sünder gnädig!" Wäre es so, dann wäre ein solcher Ausdruck der Angst nur menschlich. Wer ist seiner Todesstunde sicher? Sagt doch Lessing von sich selbst, als er im Streit mit den Theologen an die Todesangst drohend erinnert wurde: „ich werde vielleicht in meiner Todesstunde zittern, aber vor meiner Todesstunde werde ich nicht zittern!" Indessen sind jene Gerüchte nicht wahr, und Colerus selbst, der kein Interesse hat sie zu verneinen, straft sie Lügen. Niemand kennt die letzten Stunden Spinozas, niemand war zugegen als ein Freund, der nichts davon gesagt hat. Sein Tod konnte nicht schlimmer sein als seine langjährigen Leiden. Und hier haben wir das bestimmte Zeugniß solcher, die Jahre lang in seiner täglichen Nähe gelebt haben: sie haben nie einen Laut der Klage von ihm vernommen.

Ein drittes Gerücht, welches Colerus ebenfalls aus allen Gründen widerlegt, wollte, daß sich Spinoza, als er den Tod herannahen fühlte, mit Mandragorasaft betäubt habe, um sich die letzten Augenblicke zu erleichtern. Zuletzt hieß es, daß er als Selbstmörder gestorben sei. Eine verworrene Stelle in der Lebensbeschreibung von Lucas hat diesem Gerüchte vielleicht Vorschub geleistet. „Unser Philosoph", so lautet die Stelle, „ist nicht blos wegen des Ruhms seiner Tugend glücklich zu preisen, sondern auch wegen der Umstände seines Todes, dem er furchtlos ins Antlitz geschaut hat, wie wir von denen wissen, die zugegen waren, als ob es ihm lieb wäre, sich für seine Feinde zu opfern, damit deren Andenken nicht mit seinem Morde befleckt würde." Hiernach könnte es scheinen, daß sich Spinoza durch freiwilligen Tod den Verfolgungen entzogen habe, nicht um seinetwillen, sondern um seinen Feinden ein Verbrechen zu sparen. Welche alberne Erfindung! Wenn man zwanzig Jahre und länger die Schwindsucht gehabt hat, so hat man, um zu sterben, den Selbstmord nicht nöthig. Und wenn Spinoza aus Liebe zu oder Furcht vor seinen Verfolgern den Tod suchen wollte, so hätte er zwanzig Jahre früher sterben müssen. Aber man sieht aus allen diesen Gerüchten, wie unfähig die Menschen waren, sowohl seine Feinde als seine Bewunderer, die Seelengröße Spinozas zu ahnen. Die einen machen aus ihm einen elenden Feigling, die anderen einen verworrenen Märtyrer.

Das Bild seiner äußeren Erscheinung hat sich Colerus von einer Menge Personen im Haag beschreiben lassen, die ihn gesehen und gekannt haben. „Er war von mittlerem Wuchs, seine Gesichtszüge waren regelmäßig und wohlgeformt, die Hautfarbe etwas dunkel, die Haare lockig und schwarz, die schwarzen Augenbrauen lang; man erkannte in ihm auf der Stelle den portugiesischen Juden." Auch Leibniz, der Spinoza ein Jahr vor seinem Tode im Haag besucht hat, beschreibt sein Aussehen ähnlich: „der berühmte Jude Spinoza hatte eine olivenartige Hautfarbe und etwas Spanisches in seinem Gesichte".

Die anhaltende und verzehrende Krankheit hatte die Spur des Leidens in seinem Antlitze ausgeprägt, aber am meisten ausgebildet war die Gewohnheit des Denkens, die sich in der edlen Stirn und dem ernsten Blicke verkündete. „Er trägt das Zeichen der Verwerfung auf der Stirn!" So hat blinder Haß diesen Ausdruck gedeutet. „Es ist der düstere Zug eines tiefen Denkers", sagt ein deutscher Philosoph, der sich besser versteht auf die Signatur eines Spinoza. „Allerdings ein Zeichen der Verwerfung, aber nicht der passiven, sondern der activen!" Es ist der Philosoph, welcher verwirft die Irrthümer, die gedankenlosen Leidenschaften und vor allem die Lüge der Menschen!